시체를
김치냉장고에
넣었다

꿈, 무의식,
그리고 정신분석 이야기

◆

윤설 에세이

시체를
김치냉장고에
넣었다

치노

프롤로그

내면의 소리를
들을 수 있는 용기

꿈은 나에게 말을 걸어왔습니다. 가던 길을 잠시 멈추고, 내면의 소리를 들어보라고. 현실에서의 나는 그럴싸하게 포장해서 적응하며 사는 존재일 뿐, 진짜 나는 꿈속에서 만날 수 있었습니다.

꿈은 나에게 삶의 방향성을 제시해주었습니다. 잃어버린 나를 찾아주었고, 진짜 내가 말할 수 있게 통로가 되어주었습니다.

상상은 나를 위로하고 채워주고 안아주었습니다. 나에게 살아갈 힘과 용기도 주었습니다.

10년간 분석가 앞에 누워 몸부림도 치고 울기도 많이 울면서, 내 안에서 오랜 시간 소외된 나를 만나는 시간을 가졌습니다. 잊혀지고 소외된 나를 만나고 나니 세상과 내가 새롭게 느껴집니다.

지극히 내밀한 꿈속 이야기. 개인적인 경험과 그 경험에 대한 정서들. 그리고 어린 시절 상상을 이 책에 담았습니다. 이러한 나의 이야기를 날것으로 써서 독자들에게 무엇을 전달하고 싶은 걸까 스스로에게 계속 질문하며 글을 써나갔습니다.

엄마와 아빠 그리고 형제자매, 시기심과 질투심, 미움과 사랑, 외로움과 수치심, 분노와 두려움, 희망과 절망, 만남과 헤어짐…… 삶에서 누구도 이 단어들로부터 벗어날 수 없기에 저의 이야기는 곧 우리의 이야기일 거란 생각이 들었습니다. 누구나 한 번쯤 경험했을 지극히 평범한 이야기이지만 어린아이였기에, 아무도 그 아이의 마음을 들어주지 않았기에, 한 번도 그때 마음이 어땠는지 입밖으로 내뱉어본 적이 없는 이들을 떠올렸습니다. 담아줄 이가 없으면 우리의 감정은 그저 마음속 깊은 곳으로 묻혀버리고 맙니다.

글을 쓰면서 나의 이야기에 함께 웃고 울어줄 독자들을 느꼈습니다. 그 자체가 마치 커다랗고 포근한 울타리 같았습니다. 그 자체가 치료였습니다.

불안했던 어린 시절을 보낸 사람. 싫으면 싫다고, 힘들면 힘들다고 말하는 게 어려운 사람. 자신의 마음보다 타인의 시선에 더 신경 쓰는 사람. 가장 원했던 부모로부터 상처받은 마음이 아직도 남아 있는 사람…… 이제는 다르게 살고 싶은 사람에게 이 책을 권하고 싶습니다.

이 책은 행복해질 수 있는 정답을 제시하지 않습니다. 상처를 치유하는 해법을 담고 있지도 않습니다. 그저 제 이야기를 들으며 독자 여러분이 자신의 어린 시절과 만났으면 합니다. 저의 꿈속에 들어와서 함께 꿈을 꿀 수 있길 바랍니다. 그리고 소외된 당신의 진짜 목소리를 들을 수 있길 바랍니다. 어떤 기억이나 감정이 올라오면 그 기억과 정서에 머물러보세요. 눈물이 나면 울고, 보고 싶은 사람이 생기면 '보고 싶다'고 말해보세요. 그렇게 어린 시절의 당신을 위해 지금에라도 울어주고 안아줄 수 있길 바랍니다.

누구나 내면에 작고 연약한, 상처받은 어린아이가 있습니다. 그를 돌보느냐 마느냐는 우리의 선택일 겁니다. 상담사인 저는 이론적 지식과 상담 기술로 '치료하는 사람'이 아니라, 내담자들 스스로가 가지고 있는 언어의 힘과 치유의 힘을 발견하고 사용할 수 있도록 '돕는 사람'입니다. 자신의 속에 있던 치유의 힘을 찾으면 남은 삶에서 만나게 될 수많은 어려움과 싸울 수 있는 든든한 무기를 갖게 되는 것입니다. 상처받은 내면의 아이를 보호하느라 썼던 에너지를 더 행복한 데 쓰기 위해, 더 나은 삶으로 한 걸음 나아가기 위해 우리는 내면을 들여다볼 필요가 있습니다.

    상담사이면서 내담자이기도 했던 저의 이야기를 만나는 동안 독자 여러분이 꿈을 꿀 수 있는 능력과 놀 수 있고 쉴 수 있는 능력을 더 많이 가졌으면 좋겠습니다. 이 책을 읽으며 잃어버린 진짜 자신과 만날 수 있으면 좋겠습니다. 하지만 앞서 말했듯 책에서 정답을 찾을 수는 없을 겁니다. 그것은 여러분 스스로의 내면에 있을 테니까요.

    책 속의 목소리가 아닌 자신의 내면에서 하는 이야기에 귀를 기울여보면서, 편한 마음으로 천천히 이 책을 읽어주시면 좋겠습니다.

광화문연구원에서
윤설

차례

프롤로그_내면의 소리를 들을 수 있는 용기 ·· 4

1. 꿈이 나에게 말을 걸어올 때

내 안의 아이를 만나다 ·· 14
김치냉장고 속 시체 세 구 ·· 24
엄마인 내게도 엄마가 필요해 ·· 35
호랑이를 자극하면 안 돼! ·· 45
이 어둠 속에서 누가 날 좀 꺼내주세요 ·· 58

2. 나와 함께 어둠 속에 앉아 있어줄 사람

당신의 손을 잡아줄 사람, 여기 있어요 ·· 70
당신의 삶에는 당신이 있나요? ·· 79
누가 너더러 그렇게 살라고 했어? ·· 86
귀는 닫고 입만 여는 것은 공감이 아니다 ·· 92
내 인생 가장 낭만적인 잠 ·· 103
고통의 터널에 갇혀 있는 사람에게 가장 필요한 것 ·· 110
떠나보낼 수 없는 사람 ·· 116
삶에 내몰린 사람이 붙잡을 수 있는 것 ·· 121

3. 상상이 힘이 된다

텅 빈 골목을 떠나 나의 놀이터로 ·· 128
누구에게나 비밀 상자가 있다 ·· 137
신데렐라 엄마 놀이 ·· 146
모래 언덕의 토토 ·· 155
신림동 골목대장 가출 사건 ·· 163

4. 나는 이제 가장 좋은 것을 나에게 준다

'나 보고 자~' 놀이 ·· 172
시기심을 다루는 방법 ·· 183
나도 예쁜 구두랑 비치볼 갖고 싶어 ·· 194
옥수수와 삶은 계란 ·· 201
뚱땡이 하마 궁둥이 엄마, 미워! ·· 209
판도라의 상자를 열어볼 용기 ·· 217
그날 엄마가 나를 밀어냈지만 ·· 228

5. 자식의 삶, 부모의 삶

우리 엄마가 저장강박이라고? ·· 238
난 울타리가 필요해요 ·· 247
울타리야, 제발 거기 가만히 좀 있어! ·· 252
너네 아빠냐? 내 아빠지! ·· 257
화장실 앞에서 무너진 1학년의 자존심 ·· 265
친밀한 것과 침범하는 것은 다르다고요! ·· 277
부모는 흔들림 없는 항구여야 한다 ·· 284

에필로그_우리는 혼자가 아닙니다 ·· 292

1
꿈이 나에게 말을 걸어올 때

꿈은 꽁꽁 가둬둔
무의식의 흔적을 알려준다.
시체 세 구를 냉동실에 넣는
꿈을 꾸고 나서야
나는 나의 상태를
진지하게 알아차렸다.
내 삶의 무게가
버티기 힘든 정도에 이른 것을.

내 안의
아이를 만나다

유난히 더웠던 여름날이다.

"나, 그 집에 가보려고."

예전에 살던 집에 다시 살려고 간 것인지, 잠시 들러보려고 간 것인지 모르겠다. 아무튼 난 그곳으로 갔다. 바닷가 근처 언덕 위에 있는 작은 집.

"그때 그 아기는 어떻게 했어?"

친구가 내게 뜬금없는 질문을 한다.

"아기? 아기라고?"

순간 까맣게 잊고 있었던 기억이 떠오르면서 나는 소스라치게 놀랐다.

'맞다. 맞다. 맞다. 맞다……. 내가 그곳에 살 때 아기를 낳았었지. 아기! 그 아기! 기억이 난다. 미쳤어. 내가 진짜 미쳤어……
어떻게 하지!'

종이 상자에 아기를 넣어 옷가지로 덮고 상자를 닫아버린 것을 기억해냈다.

내 방은 꼭대기 다락방. 떨리는 몸으로 단숨에 계단을 뛰어올라서 황급히 상자를 열었다.

이 더위에… 그것도 옥탑방에서… 죽었겠지. 살 수가 없지…….

위에 올려져 있는 옷가지들을 급하게 치우고 나는 아기를 안아올렸다.

숨을 쉰다. 가늘게.

안 죽었다. 살아 있다! 젖. 젖. 젖을 줘야 한다.

하지만 난 이미 젖이 다 말라서 나오지 않을 텐데…….

그래도 물려보자. 제발 한 방울이라도… 제발… 제발…….

아기가 약하게 젖을 빤다.

이슬만큼의 젖이 아기의 목을 타고 들어간다.

살렸다. 살았다!

미안해… 미안해… 내가 너를 잊었어.

미안해… 내가 너무 늦게 와서 미안해.

잠에서 깬 뒤 한참 동안 온몸이 덜덜 떨려서 멍하니 앉아 있었다. 눈은 현실을 응시하고 있지만 여전히 내 몸은 꿈속 다락방 안에서 빠져나올 수가 없었다. 가위에 눌린 것처럼 몸이 굳었다. 마치 오랫동안 나의 가장 소중했던 무언가를 존재조차 까맣게 잊고 있다가 다시 찾은 느낌이랄까? 가슴이 너무 먹먹하고 표현할 수 없는 슬픔이 벅차올라 그 자리에 앉아서 한참을 흐느껴 울었다.

가족에게 내가 잠을 자면서 흐느껴 울었다는 말을 자주 듣긴 했지만 이렇게까지 생생한 느낌으로 깬 건 처음이었다.

'내가 오랫동안 존재조차 잃어버렸던, 가장 소중한 무엇……'

상자에 넣고 버린 아기…… 그것은 나였다. 나 자신에게조차 밀려버린 나. 나 자신에게마저 잊혀져버린 나였다.

언제부터 나는 나를 상자에 넣어 외딴 바닷가 다락방에 홀로 버려두었던 걸까? 언제부터 나는 나를 외로움과 허기짐에 내팽겨쳐 둔 것일까?

나는 어릴 때부터 '애어른', '애늙은이' 소리를 많이 들었다. 친구들은 나에게 아무에게도 말하지 못한 고민과 자신만의 비밀을 털어놓길 좋아했고, 성적으로 받은 상장은 없었지만 봉사

상장은 언제나 내 차지였다. 나의 생활기록부에는 '책임감', '봉사'가 단골 키워드였으며, 초등학교 2학년 때 별명은 '걸레반장'이었다.

"누가 집에서 걸레 좀 가져와서 선생님 교탁이랑 창틀 닦는 거 해줄 사람? 할 거면 1년 내내 책임감 있게 해줘야 해. 걸레를 가져가서 빨아 와야 하는데 너희가 하는 게 아니고 어머님이 해주셔야 하는 일이라… 어머님이 해주실 수 있는 사람이어야 할 텐데……."

아무도 손을 들지 않고 서로 눈치만 보는 동안 내 팔은 어느새 번쩍 들려 있었다. 그 뒤로 그 일을 성실하게 했고, 봉사상과 '걸레반장'이란 별명을 얻게 되었다. 학년이 올라가자 새로운 담임선생님은 나에 대한 소문을 익히 들었다면서 또 부탁을 하셨고, 난 그 재미에 학교를 다녔던 것 같다.

대학교 1학년 때는 철거민들이 모여 사는 비닐하우스촌에서 아이들을 가르치는 일을 했었다. 한창 멋 부리고 놀러 다닐 나이에 황금 같은 주말을 스무 명 가까이 되는 마을 아이들과 함께 보냈다. 아이들에게 간식도 만들어주고, 설거지도 했다. 누가 시킨 것도 아니었고, 지금처럼 자원봉사 마일리지가 쌓이는 일도 아니었다.

힘들다고 느끼지도 못했고, 나름대로 보람도 있고 재미도 있었다.

그러다가 스물한 살에 결혼을 하고 스물두 살에 첫 아이를 낳으면서 나의 20대 청춘은 사라져버렸다. 당시에는 스물한 살이 결혼하기에 턱없이 이른 나이라는 인식을 하지 못했다. 주변에서 '애가 애를 낳는다'고 안타까운 표정으로 혀를 차도 그게 무슨 의미인지 몰랐다. 서른 살인 딸아이가 열정적으로 자신의 삶을 사는 것을 보면서, 지금에서야 스물둘에 아이 엄마가 되고 누군가의 며느리가 된다는 것이 얼마나 어처구니없는 일인지 생각하게 된다. 스물넷에 둘째를 낳았고, 서른에 셋째를 낳았으니 15년 동안 출산과 육아를 하면서 꽃다운 나이를 다 보낸 것이다.

나는 왜 그렇게 일찍 어른이 되려고 했을까?

집안에서 존재감이 없는 나는 학교에서도 뛰어나게 잘하는 것이 없었기 때문에 관심을 받을 수 없었다. 내가 중요한 사람으로, 존재감을 느낄 수 있는 유일한 방법은 누군가에게 꼭 필요한 사람이 되는 것이었다. 공부도 못하고 부자도 아니고, 그닥 예쁘지도 않은 아이. 그게 나였다. 모두 하기 싫어하는 일을 나서서 할 때는 선생님이 내 이름을 불러주었다. 친구들이 나를 찾게 하기 위해서는 내 욕망의 발톱을 잘 숨겨놨어야 했다.

나는 중요한 사람으로 인정받는 비결에 대해 왜곡된 생각을 가지고 있었다. 그것은 나의 마음과 필요는 무시하고, 타인의 마음과 필요에 민감하고 민첩해지는 것. 칭찬을 들었지만 그것은 거짓으로 그럴싸하게 포장된 나를 향한 것이었을 뿐, 거기에 진짜 나는 없었다. 그렇기에 칭찬 앞에서도 수치심과 함께 허기를 느꼈다.

정신분석을 받기 시작한 초기에 나를 가장 불편하게 했던 것은 퇴행이었다. 분석가 앞에만 누우면 성숙하고 씩씩한 내가 자꾸 퇴행하면서 징징거리게 되는 것이 몹시 불쾌했다. 벌거벗은 듯한 수치스러움을 느낄 때도 있었고, 겨우 잘 정돈해놓은 것들이 다시 엉클어져서 뒤죽박죽된 것 같기도 했다. 그럴싸하게 포장된 나의 껍데기가 벗겨지면 텅 빈, 아무것도 없는 허깨비 같은 내가 드러난다. 그것을 감추기 위해 30여 년을 싸고 싸고 또 싸놓았는데, 분석가 앞에선 한 켜 한 켜 나도 모르게 벗게 된다.

그것은 내게 묘한 양가의 감정을 가져다주었다. 껍데기를 다 벗어버리고 나를 해방시켜서 '진짜 나로 살고 싶은 마음'과 이대로 다시 껍데기를 덮어두고 '거짓으로 포장된 나로 살고 싶은 마음'. 내게 있어서 미성숙하다는 것은 누군가를 필요로 하고 있다는 것을 느끼는 것이다. 질투심, 시기심, 의존하고 싶은 마음, 사랑받거나 인정받고 싶어 하는 마음, 거절감, 그리움, 외로움, 기다림……. 이런 것들은 내가 누군가를 원하고 있다는 증거들이고, 나는 그런 미성숙한 감정들이 내 안에 있다는 것을 인정하는 것이 죽기보다 싫었다. 다른 사람의 필요를 채워주는 것은 내가 통제할 수 있는 상황이지만, 내가 누군가를 필요로 하게 되면 그건 내 손을 떠난 일이다. 수용될 수도 있지만, 거절당할 수도 있으니까. 그런 위험 부담을 안고 싶지 않아서 나는 항상 '어른'처럼 행동을 했고 '어른'으로서 관계를 맺었다.

그런데 카우치에 누운 나의 모습은 그렇지 않았다. 무슨 눈물이 그렇게 많은지. 그동안 그 많은 눈물을 도대체 어디에 보관해두고 있었던 건지. 앞으로 얼마나 더 울어야 눈물이 멈출지 한심하고 창피했다. 미움과 시기심과 텅 빈 내면을 말하고 있는 것이 마치 연극을 하고 있는 것 같아서 무엇이 진짜 나인지 혼란스러웠다.

"선생님, 저, 밖에서는 잘 살아요. 아주 잘……."

왜 이 자연스러운 욕망을, 나는 내 것으로 수용할 수 없었을까? 왜 가끔은 어리광도 부리면서 살지 못했을까? 그렇게 분열시켜 무의식으로 억압해버린 나의 유아기적인 갈망들은 바닷가 외딴집 옥탑방 상자 안에 깊숙이 숨겨지고 버려져 있었다. 그 아기를 찾아 젖을 물리는 꿈은 정말이지 진짜 나를 살려내는 놀라운 작업이 시작됨을 알리는 것이다.

진짜 자신의 내면을 감추고 껍데기를 입히며 사는 사람들의 특징은 사람들을 좋아하면서도 사람들과 함께 있는 것을 피곤해하고 지쳐 한다는 것이다. '나'는 없고, '맞춰주고 있는 나'만 분주하기 때문이다. 그래서 이들은 종종 사람들로부터 도망가고 싶어 한다. 반면 건강한 사람은 함께 있으면서도 내가 있고, 나를 충분히 보호하면서 타인도 배려할 수 있는 사람이다.

내담자들 중에는 '성숙함'을 강요받거나 스스로에게 강요하면서 사는 이들이 있다. 집에서도 자신의 감정이나 욕구를 드러내는 것은 이기적인 것이라고 부정당하며 가족과 주변 사람들에게 양보하고 배려하는 것이 몸에 배어버린 사람들. 혹은 다른 사람에게 중요한 존재로 인정받기 위해 끊임없이 희생하고 자신을 돌보지 않으며 호구처럼 살아가는 사람들. 이런 사람들은 가장 편안한 엄마 등에 업혀서도 온몸에 힘이 들어가 있는 것과 같다. 엄마가 힘들어하거나 짜증을 낼까 봐 엄마의 몸에 자신을 온전히 맡기지 못한다. 부모 형제에게 희생을 요구받고, 그들의 나르시시즘을 만족시키는 대상으로 착취당한다. 그러다가 어느 날 문득 뒤를 돌아보니 나이는 먹었는데 결혼도 못 하고, 가진 것 하나 없이 가족들에게 무시당하고 외면당하는 자신을 보게 된다. 그때부터 그의 삶은 원망과 분노의 무덤을 파는 것으로 노선이 변경된다. 아마 간간이 꿈속에서 내면의 아이가 자기를 돌봐달라고, 젖 좀 달라고 무던히 시그널을 보냈을 것이다. 그러나 그들은 마치 자신이 낳은 아기의 존재를 까맣게 잊은 엄마처럼 자신을 잊어버린 채 오랜 세월 방치한다.

내담자들도 어느 시점에 이런 비슷한 꿈을 가지고 온다. 가족 여행을 다녀와 보니 젖먹이 아기를 두고 갔다는 사실을 기억해내고 미안해하면서 젖을 물리는 꿈을 가지고 온 사람도 있다. 자신에게 다 큰 딸이 하나 더 있다는 사실을 발견하고 딸아이가 엄마의 돌봄 없이 혼자 자랐다는 것에 대한 죄책감으로 몸부림을 치면서 깼다는 사람도 있다. 어떤 이는 오랫동안 먹지 못해 죽어가는 어린 아들이 찾아오고, 오랫동안 찾아가지 않은 빈집에 두고 온 강아지를 발견하기도 한다. 내담자들이 그런 꿈을 가지고 오면 반갑다. 오랜 세월 동안 결핍된 내면에서 소외된 자신을 다시 찾을 준비가 된 것 같아서.

분석은 잃어버린 '나'를 찾는 여정이다. 분석은 외면했던 '진짜 나'를 다시 찾아 물도 주고 먹을 것도 주고, 이름도 불러주고 안아주고 쓰다듬어주는 여정이다. 나 역시 이 꿈을 통해 나에게 가장 먼저 용서를 구했다.

미안해. 너무 늦게 와서. 미안해. 너를 기억하지 못해서…
너는 뭘 좋아하니? 넌 뭘 하고 싶니? 네가 정말 원하는 것이 뭐니? 늦었지만 이제 그거 다 들어줄게.
내 말 잘 들어봐.
항상 괜찮은 사람이 아니어도 돼. 항상 성실한 사람일 순 없어. 늘 한결같은 사람이 되는 게 좋긴 하지만, 못하면 못한다고 해도 괜찮아. 너무 좋은 사람이 되려고 노력하지 않아도 돼.
누군가에게 꼭 필요한 사람이 되려고 애쓰지 않아도 괜찮아. 살다 보면 다른 사람에게 본의 아니게 피해를 줄 때도 있지. 살다 보면 부탁하고 기대야 할 때도 있지.
싫다고 해도 괜찮아. 없다고 해도 괜찮아.
갖고 싶다고, 주기 싫다고 말해도 괜찮아.
다 괜찮아.

김치냉장고 속
시체 세 구

7월 여름 어느 날, 성인의 시체 세 구가 널려 있다. 그냥 버리기 아깝다. 상하기 전에 일단 김치냉장고에 급속 냉동을 시켜보자. 성인의 시체라 그런지 엄청 무겁다. 묵직한 시체를 낑낑거리며 들어 올려 팔다리를 이렇게 저렇게 구겨본다. 커다란 식당용 김치냉장고 문을 열어 안에 꾸역꾸역 넣어본다. 두 구는 넣었는데 한 구는 도저히 들어갈 자리가 없다. 다른 반찬들을 다 정리하면 어떻게든 들어갈 것 같기도 한데…….

"그건 그냥 버려라."

엄마가 하나는 그냥 내다버리란다.

"아깝잖아."

나는 아쉬워하며 잠에서 깼다. 성인의 시체 세 구… 급속 냉동… 뭐지? 무서움보다는 꿈이 주는 무게감이 더 컸다. 잠에서 깬 후에도 한참 동안 어깨와 팔에 힘이 들어갔다. 성인이라는 단어가 주는 무게감과 숫자 셋이 주는 무게감. '푸훗~' 하고 입에서 바람이 새어 나왔다.

그해 여름은 더위만큼이나 나를 숨 막히게 하는 일들이 많았다. 요양원에 계신 엄마를 모시고 교회를 가는 임무를 맡게 되면서 일주일에 유일하게 쉴 수 있었던 일요일마저 확보할 수 없었다. 그리고 큰아들과 둘째딸이 동시에 대학원 준비를 하고, 막내아들도 고등학교 3학년을 코앞에 둔 시기라 집안에 입시생만 세 명이 되었다. 취업을 해야 할지 대학원에 진학해야 할지 고민하는 애들한테 쿨하게 "하고 싶은 거 해! 돈 벌어 오라고 안 할 테니 하고 싶은 공부 맘껏 더 해봐."라고 넙죽 대답을 해놓고, 내심 부담이 되었나 보다. 더구나 아이들은 진로를 결정하는 과정에서 불안해서인지 나를 졸졸 따라다니면서 생각하고 있는 것들을 쏟아내곤 했다.

"엄마, 언제 끝나?"

"왜?"

"엄마랑 집에 같이 가려고……."

퇴근하고 나면 엄마를 독차지하기 어렵다는 생각에 상담실 1층까지 와서 대기하고 있는 딸과 집에 먼저 도착해 언제 오냐고 카톡을 보내는 큰아들 때문에 퇴근 시간이 무서웠다. 내 얼굴을 보기가 무섭게 시작된 딸의 말은 집에 도착하는 순간까지 멈추지 않고 계속되었다. "엄마, 내 말 듣고 있어?" 확인해가면서……. 하루 종일 내담자들의 이야기를 들어서 이미 나의 하드웨어는 꽉 차 있었기 때문에 내 아이들의 이야기를 담아줄 공간이 없었다.

'제발 그 입 닫아줘!'

입을 틀어막든지 내 귀를 틀어막고 싶은 마음이 굴뚝같았지만, 새로운 길을 가기 위해 한 발 내딛는 이 시기에 엄마의 역할은 얼마나 중요할 것인가. 그것을 잘 알기에 모든 에너지를 총동원해보려고 애를 썼다. 그러나 한쪽 귀로 들어온 말들은 다른 쪽 귀로 술술 흘러갔다. 내 귓속에는 더 이상의 말소리가 들어올 공간이, 미안하지만 정말 없었다. 아이들의 이야기를 들어주고 담아줄 힘이 남아 있지 않았다. 나는 너무 지쳐 있었다.

하루 종일 내담자의 말을 들으며 분석적 사고를 하는 것은 쉬운 일이 아니다. 그래서 퇴근길에는 뇌를 쉬게 해주고 싶어서 유튜브로 세계 여행을 하는 프로그램이나 아무 생각 없이 웃을 수 있는 것을 보며 시간을 흘려보냈다. 그런 나의 소중한 시간까지 딸애가 빼앗아버린 것이다.

"엄마! 지금 내 말 안 들리지?"

"미안… 솔직히 잘 안 들려. 엄마가 지금은 집중이 잘 안 되는데, 내일 아침에 이야기하면 안 될까?"

"우이씨… 알았어."

'제 자식의 이야기도 담아주지 못하는 사람이 다른 사람의 이야기를 들어준다고 하기는…….' 죄책감이 들지만 어쩔 수 없었다. 아이들의 성장은 나를 배려해서 멈춰주지 않는다. 그들은 그들의 시간을 사용하고 있으며 그들의 인생을 걸어가고 있다. 나의 형편과 사정에 맞춰서 일시정지해 주지 않는다. 아이들이 엄마인 나를 가장 필요로 하는 순간에, 나는 충분히 그 기능을 해주지 못했다. 그것은 고스란히 아이들의 몫이 되어서 '결핍'과 '박탈'로 아이들의 내면에 깊게 박혀 있었다.

이제 반복하고 싶지 않은데… 이제 실패하고 싶지 않은데…….

꿈에서처럼 내가 다시 충전될 때까지 잠깐만 세 녀석을 급속 냉동시킬 수 있다면… 내가 다시 기운을 내서 잘할 수 있을 때까지 시간을 멈추게 할 수 있다면……. 내가 너희를 조금 담아낼 수 있는 공간이 생길 수 있도록 그때까지만 날 잠깐 기다려주면 안 되겠니?

일요일에는 꽉 찬 하드웨어를 끌고 엄마에게 갔다. 그리고 더 이상 들어갈 자리도 없는 곳에 꾸역꾸역 엄마의 하소연을 담아냈다. 막내딸이라는 핑계로 그동안 언니들과 오빠에게만 맡겼던 엄마를 일주일에 한 번 찾아뵙는 이 정도 일은 엄마가 떠나시기 전에 어떻게든 해야겠다 싶었다. 엄마는 한 주 내내 잠가놓은 입을 나를 보자마자 개봉했다. '옆 방 요망한 할망구'가 엄마 커피를 훔쳐 간 이야기, 새로 입소한 '고상 떠는 노친네'가 밤새 자랑질을 늘어놓아서 잠을 잘 수 없다는 이야기를 침을 튀겨가며 쏟아냈다.

'엄마! 제발 그만!'

엄마도 미쳐가고 나도 미쳐버릴 것 같았다.

그래도 어쩌겠나! 일주일 내내 고자질하고 싶어서 얼마나 나를 기다렸겠나 싶으면 온 정신을 다 모아서 엄마와 눈을 맞추고 고개를 끄덕이며 엄마 편을 들어주는 수밖에. 한 내담자에게 집중할 수 있는 시간은 50분 정도이다. 그런데 엄마에게는 특별히 그보다 두 배 되는 시간을 허용해주어야만 한다. 엄마는 한참 흉보기를 마치고 나서야 "에휴~ 막내딸한테 실컷 다 말하고 나니 속이 다 시원하다! 이제 됐다! 어여 집에 가봐! 애들 챙겨야지. 할머니한테 너무 오래 와 있으면 애들이 나 싫어

할라." 하신다. 그렇게 두어 시간을 집중적으로 들어주어야만 나를 놓아주신다.

쉬어야 한다. 하드웨어를 비워야 한다. 나의 분석가도 임상 감독을 하는 지도교수도 좀 쉬어야 할 것 같다고 내게 조언했지만, 무엇 하나 내려놓을 수 있는 게 없었다. 아이들의 시간도, 얼마 남지 않은 엄마의 시간도, 그리고 내담자들의 시간도 계속 흘러가고 있기 때문이다.

묵직한 성인의 시체 세 구.

웃음도 나오고 동시에 가슴속에서 뜨거운 눈물도 솟구쳤다. 물 먹은 하마처럼 축 늘어진 성인의 시체를 버릴 수 없어서 급속 냉동을 하겠다고 들어 올리고 냉동고에 담고 있는 그 무게감이 온몸에 전해졌다.

사춘기가 찾아오면서 태풍에 여기저기 흩날리다가 어디로 날아가 버릴지 모르는 낙엽 같았던 딸아이를 담아냈다. 어릴 때부터 뭐 그리 하고 싶은 게 많은지! 못 해주고 후회하고 싶지 않아서 나름대로는 원하는 걸 해주었음에도 이럴 거면 자기를 왜 낳았냐는 모진 소리를 들을 때도 있었다. 초등학교 입학식 때 입학생 중에 제일 작아서 짠했던 큰아들이 군대에 입대할 땐 눈물이 났다. 땅콩 알레르기가 있는 막내아들이 응급실에 실려 갈 동안 일하느라 아무것도 몰랐던 것을 자책하며 가슴을 쓸어야 했던 시간도 있었다. 그래도 씩씩하게 그 터널들을 잘 견디며 지나왔는데, 큰 산 앞에 서서 엄마랍시고 나를 바라보는 다 큰 세 녀석을 보니 잠시 쉬고 싶었다. 쉬었다가 다시 한 고개를 넘으면 안 되냐고, 조금만 쉴 수 있게 기다려주면 안 되냐고 밀어내고 싶었나 보다.

숨 한번 돌리고 나면 멀리서 또 다른 파도가 보인다. 이번에 올 파도는 어느 정도의 크기인지 알 수가 없어 크게 숨을 들이마신다. 그동안 나는 수많은 파도에도 도망치지 않고 맞서 버티며 살아남았다. 그런데 그 시기엔 도망치고 싶었다. 인생에 '일시정지' 버튼이 있다면 바로 그때 눌렀을 거다.

비워야 한다. 쉬어야 한다. 그리고 채워야 한다. 그렇지 않고서는 다음 파도를 맞이할 수 없다.

정신분석에서 꿈은 꽁꽁 가둬둔 무의식의 흔적을 보고하는 중요한 자료다. 시체 세 구를 냉동실에 넣는 꿈을 꾸고 나서야 나는 나의 상태를 진지하게 알아차렸다. 이른 나이에 결혼해서 아이 셋을 키우고, 막내가 젖을 떼면서부터 상담을 공부하고 대학원을 다녔다. 살림을 하고, 조교를 했고, 지필과 파트 타임으로 일하면서 학비를 벌었어야 했다. 그러고 보니 쉴 새 없이 오르고 또 올랐던 시간들이었다. 그리고 이제는 더 이상 오를 힘이 남아 있지 않다는 것을 알아차렸다. 나의 삶의 무게가 버티기 힘든 정도에 이른 것을.

나는 곧바로 노트북을 열었다. 그리고 항공권을 예약했다. 일시정지 버튼을 누르기 위해서다. 동유럽 체코 프라하! 10월로 예약을 했으니 준비할 시간은 넉넉하다. 여행 계획을 미리 세우면 좋은 것이 두 가지가 있는데, 하나는 항공권이나 숙박 예약을 싸게 할 수 있다는 것이고, 다른 하나는 출발하는 날까지 여행에 대한 상상을 하면서 현실로부터 잠깐씩 벗어날 수 있는 공간을 확보할 수 있다는 것이다. 프라하로 가는 왕복 항공권을 싼 가격에 예매하고, 한 달 전부터는 크게 입을 벌린 캐리어를 내 방 한쪽에 놓은 채 생각날 때마다 짐을 하나씩 챙겨 넣었다. 짬짬이 여유 시간이 생기면 숙소를 검색하고 여행 일정을 짰다. 기차와 고속버스 예약도 하고, 이것저것 여행 정보도 검색해서 모았다. 출퇴근하는 지하철 안에서는 유튜브로 프라하와 브르노, 드레스덴 정보를 수집했다. 나는 그렇게 스스로에게 쉴 틈을 주었기에 엄마와 아이들에게 좀더 너그러워질 수 있었다.

혼자 하는 긴 여행. 나는 혼자서 자유여행하는 것을 좋아한다. 별다른 계획 없이 일어나고 싶을 때 일어나고 걷고 싶을 때 하염없이 걷다가 배고프면 끌리는 곳에 들어가 식사를 한다. 그러다가 졸리면 숙소로 돌아와 잠을 자고 다시 기운이 나면 발길 가는 대로 걷는다. 다리가 아프면 버스나 트램을 타고 가다가 예쁜 곳이 있으면 내려서 커피도 마시고 길거리 음식도 사 먹는다. 생각을 정리하거나 애써 어떤 생각을 하려고 하지 않는다. 그저 '무엇을 먹을까?' '어디에 앉아서 쉴까?' 하는 원초적인 욕구에만 충실히 응답한다.

아침 일찍 숙소에서 나와 한적한 골목을 걸으며 골목 사이사이에 보이는 교회 종탑을 본다. 걷다가 추우면 근처 작은 카페에 들어가 갓 구운 크루아상과 비엔나 커피 한 잔을 주문해 출근하는 현지인들을 구경한다. 패키지여행에서는 할 수 없는, 가본 곳을 또다시 가볼 수 있는 자유로운 시간이다. 걷다가 낡은 벤치에 앉아서 가방 속에 미리 씻어온 사과 한 개를 꺼내서 다 먹을 때까지 쉬기도 한다. 많은 사람들이 있지만 아무도 나에게 말을 걸지 않는다.

그 누구도 나에게 아무것도 요구하지 않아서 좋다.

분석적인 사고를 멈출 수 있는 곳. 반복되는 일상에서 벗어난 곳.

오직 나에게만 집중할 수 있게 해주는 곳. 의식의 흐름대로 시간을 보낼 수 있도록 허락된 곳. 이것이 내 여행의 방향이었다. '성인의 시체 세 구.' 이 꿈이 쉼 없이 달리던 나를 멈추게 했던 것이다.

일터로 정말 가고 싶지 않은 날이 있다. 그런 날은 그렇다고 집으로 돌아가고 싶지도 않다. 사랑하는 가족이 하는 말이 하나도 귀에 담기지 않을 때가 있다. 아무리 집중하려고 눈을 바라봐도 아무것도 접촉되지 않을 만큼 하드웨어가 꽉 찬 느낌이 들 때가 있다.

이런 상태가 되면 나는 잠시 혼자 있기를 권하고 싶다. 보름 정도 긴 여행을 할 수 있다면 더할 나위 없이 좋겠지만 그건 쉽지 않을 테니, 최소한 반나절이라도 철저하게 홀로 있기를 권하고 싶다. 그리고 떠나라고 하고 싶다. 일로부터, 그리고 집과 가족으로부터.

바다도 좋고, 산도 좋고, 길도 좋다. 하늘이 예쁜 곳으로, 길이 예쁜 곳으로, 바람이 예쁜 곳으로 어디든 홀로 걸어보자. 정해진 길이 아닌 그저 길이 인도하는 곳으로, 바람이 이끄는 곳으로 정처 없이 걸어보자. 걷다가 다리가 아프면 잠시 그늘에 앉아서 쉬고, 해가 너무 뜨거우면 예쁜 카페에 들어가서 목도 축이고 음악을 들으면 된다. 그러다 다시 걷고, 걷다가 배가 고프면 맛난 음식으로 배를 채우고. 걸으면서 그 누구의 소리가 아닌 내면 깊은 곳에서 올라오는 자신의 소리를 들어보자.

   내 잔이 넘치면 애쓰지 않아도 목마른 자들의 목을 축일 수 있다. 꽉 찬 하드웨어를 비우지 않고 계속 돌리면 언젠가 스스로 일시정지 버튼을 누르지 않았는데도 멈춰버리게 된다. 그러기 전에 잠시 멈춰서 쉬기를, 쉬면서 나를 비우고, 기대면서 나를 채우기를 바란다.

엄마인 내게도
엄마가 필요해

어릴 때부터 반복적으로 꾸는 악몽이 있었다. 경사가 가파른 콘크리트 벽으로 달려 올라가거나 높은 곳에서 떨어지지 않으려고 매달려 있는데, 온몸에 힘이 빠져버리는 꿈이다. 그 반복되는 꿈에 대해 이야기하다가 문득 그 콘크리트 벽이 눈앞에 펼쳐졌다.

"어떤 느낌이에요?"

분석가의 나지막한 목소리가 들린다.

"거칠고… 차갑고… 넓어요."

엄마의 등판. 엄마의 넓은 등판.

나는 엄마의 등판에 코를 가까이 대고 냄새를 맡으려고 했다. 하지만 결코 엄마의 몸 어디에도 내 몸이 닿지 않도록 몸에 힘을 주고 있다. 엄마를 귀찮게 하면 안 되기 때문이다. 엄마가 덥다고 떨어지라고 할지 모른다. 귀찮게 한다고 날 밀어낼지도 모른다. 난 그런 거절감을 감당할 수 없다. 그래서 엄마를 귀찮게 하지 않을 만큼의 거리를 유지해야만 한다.

후~욱. 순간 가슴속에서 뜨거운 기운이 입밖으로 훅 하고 새어 나오고, 눈물이 주르륵 흘러 머리카락을 적셨다.

"지금 어떤 느낌인지 말해볼 수 있어요?"

"모르겠어요. 뭔지 몰라요."

이 와중에 내 눈물이 쿠션 커버에 얼룩을 만들기라도 할까 봐 닦아내기 바쁘다.

아기처럼 울고 아기처럼 고개를 도리도리 저었다.

안 돼.

"뭔지 몰라도 이 느낌이 싫어요."

싫다. 이 느낌.

몸에서 한기가 느껴진다. 온몸이 떨린다. 발 아래쪽에 있는 담요를 끌고 와 목까지 덮었다. 그래도 춥다.

그만하고 싶다.

"선생님, 나 이런 거 안 하고도 그동안 잘 살았잖아요."

정말 잘 살아왔던 걸까. 그 반복되는 꿈은 아니라고 말하고 있었다. 상처받은 내면 아이의 억누른 울음을 꺼내달라고 신호를 보내고 있었다.

그래, 혼자가 아니니까… 지금 여긴 나 혼자가 아니니까… 여긴 안전하니까…….

다 큰 내가 엄마를 필요로 한다는 것을 처음 인식한 것은 2005년쯤이었다. 언니들과 오빠는 힘든 일이 있을 때 엄마 목소리만 들어도 힘이 난다며 아무 때나 엄마한테 전화해서 시답지 않은 질문을 하곤 한다.

"엄마, 밥 먹었어?"

"먹었지, 지금이 몇 신데……"

"무슨 반찬!"

"개구리 반찬!"

'쳇… 이런 꼴 같지 않은 말로 전화할 시간도 있고 참 한가한 사람들일세……'

괜시리 심통이 났다. 언니와 오빠는 아플 때도 엄마가 보고 싶단다. 퇴근길에 문득 엄마 목소리가 듣고 싶단다. 맛있는 것을 먹으면 엄마 얼굴이 떠오른단다. 춥거나 길이 미끄러운 날에는 엄마가 걱정된단다. 난 엄마가 보고 싶다는 게 뭔지 모른다. 엄마 목소리를 듣는 게 왜 삶에 활기를 주는지도 모른다. 같은 뱃속에서 나왔는데, 나는 엄마를 바라보는 형제들부터 소외되어 있다.

그저 내가 독립적인 사람이라 그런 거라고 생각했고, 엄마가 나에게 도움을 줄 수 있는 게 없거나, 내가 엄마에게 도움이 되지 못해서 그렇다고 생각했다. 그런데 2005년 어느 날, 집단상담에 참여하고 집으로 돌아오는데 기차 안에서 아무 맥락도 없이 혼잣말을 하게 되면서 그것이 사실이 아니라는 것을 발견하게 되었다.

"나도… 엄마가… 필요해."

순간 나도 모르게 손끝으로 내 입을 막았다. 해서는 안 될 말을 하기라도 한 것처럼……. 내 말에 놀라고 그 뒤에 주체할 수 없이 흐르는 눈물에 더 놀랐다. 기차에서 이동하는 두 시간 내내 어찌나 흐느껴 울었는지 내릴 때는 어지럽고 가슴 통증이 느껴질 정도였다. 내 안에 그런 감정을 얼마나 꽁꽁 싸두었길래 그랬을까. 어떤 것도 느낄 수도 생각할 수도 없었고, 그러고 싶지도 않았다. 기차 안이라 다른 일을 할 수도 없고 다른 곳으로 갈 수도 없으니, 그저 흐르는 눈물을 내버려두는 것이 내가 할 수 있는 전부였다. 그날 이후 다음 집단상담에 갈 때까지 일주일 동안 몹시 아팠던 것으로 기억한다.

10년 후 분석을 시작했고, 엄마의 등판에서 엄마의 냄새를 맡고 있는 내 모습을 본 그날, 결코 인정하고 싶지 않은 사실을 입밖으로 내보내게 되었다.

'나도 엄마가 좋아. 나도 엄마가 보고 싶은 사람이고 싶고, 엄마 목소리만 들어도 살맛이 나는 딸이고 싶어. 좋은 것 있으면 엄마한테 주고 싶고, 아플 때 엄마한테 손을 내미는 자식이고 싶어.'

분석가는 주 2회의 분석을 권했고, 나는 비용 부담을 핑계로 거절하고 싶었다. 분석 이후 첫 저항이 올라온 것인데, 분석을 하기로 한 날 꿈을 꿨다.

누군가가 죽었다. 내가 죽인 것 같지는 않은데 난 그 시체를 일단 집 뒷산에 묻었다.
'만지기도 싫고 무서우니까 일단 묻어두자.'
마치 징그러운 커다란 쥐를 드럼통으로 덮어놓고 하루 종일 신경을 쓰는 것처럼, 계속 신경이 쓰인다. 빨리 장례를 치러야 할 텐데……. 시신을 보기도 만지기도 싫다. 계속 두면 썩고 벌레도 생길 텐데……. 냄새도 점점 더 심해질 텐데 어떻게 하지? 옆집에 사는 여학생에게 고민을 이야기했더니 나보다 더 똑똑하다.
"장례식장에 맡기면 그 사람들이 와서 포크레인으로 꺼내주고 다 알아서 해줄 거예요. 돈이 많이 들겠지만……."

돈이 많이 든다……. 그래, 돈이 많이 들어도 계속 그렇게 둘 순 없지.

마치 징그러운 커다란 쥐처럼 존재를 알면서도 열어보지 못하는 것, 눈앞에 보이지 않게 덮어두었지만 내내 신경이 쓰이는 그것. 그것은 나에게 엄마였다. 정확하게 말하면 엄마를 갈망하는 내 마음이었다. 엄마가 덥다고 내 손을 뿌리치고, 내 몸을 밀어냈을 때, 분명 땀냄새가 심하게 나고 끈적끈적한 사람은 내가 아닌 엄마였다. 하지만 난 내가 끈적이고 냄새난다고 느꼈다. 내 존재가 더러운 느낌, 그 수치스러움을 다시 경험하지 않기 위해선 엄마를 향한 나의 마음을 거둬들여야만 했다. 다시는 튀어나오지 않도록 밀봉해야만 했다. 그리고 엄마란 존재는 갈망할 가치가 없는 냄새나고 끈적이는 존재로 잊어버려야 했다.

내가 억압해놓은 것들로부터 점점 자유로워지면서, 내 파우치에는 더 이상 타이레놀이 들어 있지 않다는 것을 깨닫게 되었다. 나는 고등학교 1학년 때부터 마흔이 넘어서까지 가방에 두통약을 챙기는 것이 습관처럼 되어 있었다. 항상 편두통에 시달렸고, 약을 먹지 않으면 다른 사람과 편하게 대화를 하거나 공부를 하거나 잠을 잘 수도 없었다. 고등학교 3학년 때는 두통이 너무 심해서 앉아 있거나 책을 읽을 수조차 없어서 MRI까지 찍은 적이 있는데, 의사 선생님은 몸에는 아무 이상이 없으니 고3 스트레스인 것 같다고만 했다. 표현되지 못하고 억압된 감정은 마치 끓는 뚝배기처럼 살아 있는 것이라 결코 얌전히 있지 않는다. 몸의 이상이나 증상을 만들어서라도 뚫고 나오려고 한다. 그러다가 촉발될 만한 어떤 강한 자극이라도 생기면 심각한 문제를 일으키게 되는 것이다. 억압된 무의식은 우리가 가는 길에 걸림돌이 된다. 관계를 망치거나 일을 처리할 수 있는 능력을 상실하거나, 어렵게 성취한 일들을 한 방에 와르르 무너뜨리기도 한다. 무의식에 억압된 내용들은 의지적으로 통제할 수 없다. 하지만 의식화된 것들은 더 이상 통제 불능의 것이 아니다. 뭔지 모르면 무섭고 다룰 수 없지만 알면 다룰 수 있는 감정이 된다는 것이다.

상담을 받기로 결심하는 것이 쉽지는 않다. 특히 정신분석처럼 오랜 시간을 필요로 한다면 비용과 시간에 큰 부담이 있다. 그럼에도 불구하고 용기를 낼 만한 이유가 있다. '더 이상 이렇게 살 수는 없다.' '계속 이렇게 살면 안 될 것 같다.' '이러다 무슨 일을 저지를 것 같다.' '참을 수 없을 정도로 너무 괴롭다.' '나

보다 아이들이 잘못될 것 같다.' '정말 나한테 문제가 있나? 하는 생각을 처음으로 해봤다.' 등등.

살면서 '덜컹' 하고 걸리는 순간이 있다. 잘 달리던 자동차가 갑자기 연기가 나고 이상한 소리가 나는 걸 생각해보자. 일단 비상등을 켜고 갓길에 차를 무조건 세워야 할 것이다. 그리고 차의 어느 부분에 문제가 있는지 정비를 받고 나서 다시 달려야 한다. 그걸 무시하고 급한 마음에 그냥 달리다간 대형 사고가 날 수도 있다. 사람 역시 마찬가지다. 고통스러울 정도로 잠을 잘 수 없거나 아무리 잠을 자고 또 자도 잠이 쏟아진다면 전문가를 만나봐야 한다. 위장이 찢어질 듯한 통증을 느끼면서도 음식을 입에 넣는 것을 멈출 수 없고, 구토를 하고 나서 또다시 음식을 입에 쑤셔넣게 된다면 뭔가 고장이 나도 단단히 난 것이다. 운전을 하다가 횡단보도에서 신호를 기다리는데 건너가는 행인들을 차로 밀어버리고 싶은 충동이 자주 일어난다면, 자다가 일어나서 수돗물을 잠갔는지 수십 번 확인하게 되는데 멈춰지지 않는다면 마음에 비상등이 켜진 것이다. 무기력감 때문에 아무것도 할 수 없고, 갑자기 찾아오는 불안감 때문에 숨을 쉴 수 없고 차라리 고통을 끝내고 싶은 충동까지 올라온다면 당장 멈추어야 한다.

"잘 오셨습니다."

잘 온 것 맞다. 계속 그대로 달려서 몸이나 정신, 관계나 일에서 돌이킬 수 없는 상황을 맞이하기 전에 마음을 정비하는 게 좋을 테니까.

우리는 살면서 소화되지 않는 것들을 의식할 수 없는 무의식 속으로 밀어넣고 산다. 주로 어린 시절의 경험들이 무의식 속에 더 많은 이유는 우리가 경험한 '그 일'이 무엇인지 이해하고, 언어화할 수 없는 것일수록 소화하기 힘들기 때문이다. 중학생이 경험하는 엄마의 상실과 세 살 아기가 경험하는 엄마의 상실은 분명 다르다. 이렇게 소화되지 않은 채 무의식으로 밀려난 기억과 정서들은 잘 지내다가 그것을 건드리는 어떤 사건으로 인해 건드려지고 흔들리기 시작한다. 그 무의식의 내용들은 악몽으로, 말실수로, 이상한 행동으로, 이해할 수 없는 눈물로 우리에게 말을 한다. 다시 한번 그것을 담아달라고, 소화할 수 있게 해달라고 말이다. 이때 어떤 사람은 '상담을 받아봐야겠다.'는 선택을 하게 된다. 소화되지 못한 상처는 우리에게 삶을 이어가고 싶지 않을 정도로 큰 감정의 덩어리로 남아 있지만, 소화된다면 충분히 처리할 수 있는 정도의 감정으로 변하게 된다. 그것이 고통스러운 무의식을 직면해서 보려는 용기를 내는 내담자들에게 동기가 된다.

살면서 덜컹 하는 순간이 있다면, 나도 모르는 내 안에 무언가가, 해결해야 할 큰 과제가 있다는 것이다. 그 상자를 열 것인가, 아니면 그대로 둘 것인가? 무의식의 문 앞에서 도망가고 싶겠지만, 진정한 평안을 찾기 위해선 그 상자를 열어보려는 노력을 계속해나가야 한다. 무의식은 의식보다도 더 강력하게 내 삶에 영향을 끼치기 때문이다. 무의식 안에 있는 것들을 감추고 억누르는 데에 더 이상 에너지를 사용하지 않아도 될 때, 우리가 얼마나 많은 일을 해낼 수 있고, 얼마나 사랑할 수 있는 사람인지 경험하게 된다.

호랑이를
자극하면 안 돼!

두 개의 방. 큰방에는 언니가 친구들과 웃고 떠들며 놀고 있다. 바로 옆 작은방이 내 방이다. 복도를 지나가고 있는데, 내 방 안에서 뭔가 검은 기운이 느껴진다. 문이 조금 열린 방 안을 조심스럽게 들여다봤더니 커다란 호랑이다. 호랑이 한 마리가 소리 없이 얌전하게 방 안을 어슬렁거린다.

'어떻게 들어왔지?'

숨을 죽이고 조심스럽게 몸을 돌려 등 쪽으로 문을 닫았다. 저 호랑이를 절대 자극하면 안 된다. 절대! 저 정도의 크기라면 이 방문을 충분히 뚫고도 남는다. 숨을 죽인 채 온몸으로 문을 막았다. 그다음엔 작고 차분한 목소리로 언니를 불렀다.

"언니, 호랑이……."

"뭐라고?"

"호랑이……."

"뭐라고? 쟤 뭐래?"

'아이고, 저 주책 바가지… 그렇게 크게 말하면 어떡해.'

난 이를 악물고 다시 작은 목소리로 또박또박 말했다.

"내, 방에, 호랑이가, 있다고!"

"아우, 네가 여기로 들어와서 말해. 안 들려."

'미치겠네, 정말.'

답답하고 무서워서 정말 미치는 줄 알았다.

그때였다! 갑자기 안쪽에서 호랑이가 문을 세게 밀치더니 앞발 하나가 문 밖으로 튀어나왔다. 나는 있는 힘껏 문을 막고 발을 동동거리다가 잠에서 깼다.

상담실에는 어떤 사람들이 찾아올까? 더 이상 그렇게 살고 싶지 않은 사람들이 찾아온다. 그들은 변화하고 싶고, 성장하고 싶어 용기를 낸 거다. 하지만 그것과 같은 힘으로 '그냥 이대로 살고 싶은 마음'도 만만치 않게 존재한다. 진실을 알고 싶으면서 동시에 알고 싶지 않다. 보지 못했던 것을 보고 싶으면서 동시에 아직 보고 싶지 않다. 이제 다르게 살고 싶으면서 동시에 내가 아닌 세상이(가족이나 애인이) 바뀌었으면 좋겠다고 생각한다. 그래서 처음 상담실 문을 열 때, 이런 만만치 않은 저항과 싸워야 하고, 상담받는 내내 숱한 저항을 뛰어넘을 수 있는 힘이 필요하다.

나에게 있어서 가장 뛰어넘기 힘든 것은 바로 꿈에서 보았던 '호랑이'다. 호랑이는 내가 부정하고 억압해야만 하는 나의 그림자고, 그것을 직면하고 잘 다루지 않는 한 나에게 성장이나 변화는 기대할 수 없는 일이었다.

상담을 할 때, 꿈은 무의식을 이해하는 데 소중한 자료가 된다. 꿈을 통해 상담자는 내담자의 자아가 어느 정도 발달해가고 있는지를 알 수 있고, 내담자가 억압한 원초적인 소망이 무엇이고 좌절된 것은 무엇인지 추측해볼 수 있다. 그리고 꿈꾸던 전날에 어떤 경험과 자극들이 내담자 내면의 무엇을 건드렸는지를 볼 수 있다. 혹은 상담이 내담자에게 지금 어떤 경험을 하게 하는지도 볼 수 있는 중요한 단서가 된다.

사람들은 잠을 자면 꿈을 꾼다. 하지만 대부분은 기억하지 못하기 때문에 꿈을 꾸지 않는다고 생각하기 쉽다. 꿈을 꾸면서 낮 동안 소화하지 못한 것들을 소화해서 의식으로 내보낼 만한 것들과 여전히 무의식으로 다시 밀어넣어 두어야 할 것들을 분류한다. 상담을 시작하려고 마음을 먹으면서 안 꾸던 꿈을 꾼다고 하기도 하고, 한 주 내내 꿈을 안 꾸다가 상담이 있는 날에는 꼭 꿈을 꾼다는 이야기를 한다. 그 이유가 너무 분명하지 않은가! 담기고 싶어 하는 것들이 담아줄 수 있는 대상을 만나게 되니 꿈을 꾸고, 꿈이 생생하게 기억나게 되는 것이다. 그러면 상담실에 와서 꿈을 보고한다. 하지만 도무지 무슨 의미인지 아무것도 연상하지 못하기도 하고, 너무 쉽게 무엇인지 알아차리기도 한다. 잊어버렸던 기억을 찾기도 하고, 몰랐던 감정을 마주하게도 된다. 물론 아무 작업도 하지 못한 채 그저 상담사에게 그 짐을 넘겨주고 약간의 가벼움으로 돌아가기도 한다.

이 꿈에서 내가 주의를 기울인 것은 '호랑이를 자극하면 안 된다는 것', '절대 밖으로 튀어나오지 못하게 막아야 한다는 것'. 그리고 나는 다급한데 무심하게 반응하는 언니에 대한 '분노'였다. 그렇다. 나는 내 안에 숨겨진 공격성을 자극하지 않는 데 참 많은 에너지를 쓰며 살았다. 화를 내는 것은 미성숙한 것이고 이기적인 것이라고 배웠다. 화를 내는 것은 천박한 것이고, 다른 사람을 불편하게 하는 것이고, 관계를 엉망진창으로 만드는 것이다. 갈등이 생기는 것이 싫었고, 싸우는 것은 더더욱 싫었다. 내 주장을 하거나 싫은 소리를 해서 관계가 껄끄러워지는 것을 피했다. 거절을 해서 상대방이 혹여 나를 미워하게 되는 것도 싫었다. 그리고 양보하고 참는 것이 나에게는 그렇게 힘든 일이 아니었다. 오히려 불편한 말을 하고 조율하는 것이 내게는 더 피곤한 일이었다.

그럼에도 불구하고 왜 굳이 그런 불편한 감정을 들여다보고, 표현을 해야 하는 걸까? 편두통과 우울증, 그리고 내 아이들에게 같은 병을 유산으로 줄 수 없어서였다. 참고 양보하니 다른 사람들은 편하게 해줄 수 있었는데, 나와 나의 아이들은 병들고 있었다. 나의 팔은 언제나 밖으로 굽었고, 그런 엄마와 사는 아이들은 늘 참고 배려하고 양보해야만 했다. 가장 좋은 것은 언제나 다른 사람의 것이고 우리는 가장 좋은 것을 소유하지 못하는 삶을 선택했었다. 무엇보다 나의 분노와 공격성은 밖으로 표현되지 못하면서 그 화살이 나를 향했기 때문에 급기야 여러 가지 신체화(아무 원인을 알 수 없는 신체적인 통증을 느끼는 것) 증상이 나타나기 시작했다.

상담이라는 것은 내면에 아주 미세하게 까끌거리는 것까지 의식으로 떠올리는 작업이다. 살면서 해보지 않았던 불평과 분노, 질투심과 시기심을 입밖으로 툭툭 튀어 내보내는 것이 편할 리가 없다. 그래서 상담 초기에는 이것에 대한 저항으로 두통이나 소화불량과 같은 신체적인 불편감을 호소하는 내담자들이 많다. 임상경험이 많은 상담자들은 이 공격성이 한꺼번에 올라오지 않도록 조절하고 저항을 극복할 수 있도록 다룰 수 있다. 공격성이 지나치게 자극되어 한꺼번에 너무 많이 올라오면 정신증을 일으킬 수 있는 위험이 있고, 집이나 직장에서 부적절하게 행동할 수 있기 때문에 상당히 조심스러운 일이다.

분석을 시작하고 얼마 되지 않아, 아직 카우치에 눕지 않고 분석가와 마주 앉아서 이야기를 할 때였다. 어느 순간 분석가에게 달려들어 그녀의 옷을 뜯으며 공격할 것 같은 두려움을 느낄 때가 있었다. '나 좀 어떻게 해봐요! 그렇게 가만히 보고만 있지 말란 말이에요! 난 이렇게 미칠 것 같은데 왜 선생님은 아무것도 안 하는 거예요! 날 좀 어떻게 해달라고!'

아무 말도 하지 않고 요지부동으로 내 말만 듣고 있는 그녀에게 나는 엄청난 분노를 느꼈다. 나에게 분석가는 마치 고통받는 나를 하늘에서 가만히 바라보는 하나님 같았다. 내가 호랑이 때문에 무섭다고 도움을 청하는데도 무심하게 반응하는 언니 같았다.

화가 났지만 그녀를 공격할 수는 없었다. 만약 내 안에 있는 어마어마한 괴물이 나와버리면 작은 그녀에게(실제로 그녀는 나보다 키가 크다. 내가 작다고 느낀 거다.) 달려들어 온몸을 찢고 바닥에 내동댕이칠 수도 있을 것 같았다. 하지만 그녀는 나에게 너무나 절실한 존재였다. 그녀가 아니면 그 누구에게도 나의 이 미치도록 요동치는 원초적인 날감정을 쏟아낼 대상은 없다. 난 그녀를 안전하게 보호하고 살려내야만 했기 때문에 문을 뚫고 나오면 안 된다.

정신병에 걸리는 원인에 대해 하인즈 코헛은 '자기대상 욕구의 결핍' 때문이라고 말했다. '자기대상 결핍' 중에서도 특히 대상을 통해 '정서 조절'을 하는 경험을 내재화하지 못해서 정신병에 걸린다는 것이다.

정서 조절 능력이 약한 내담자들은 관계나 일을 성공적으로 성취해나갈 수 없다. 우리가 쉽게 말하는 '약한 멘탈' 때문에 공부하다가도 감정 조절이 안 돼서 집중하지 못하고, 할 일이 많은데도 도무지 감정 조절이 안 돼서 끝까지 완성하지 못하고 손을 놓게 된다. 사람이 사람에게 약이 되는데, 이런 사람에게는 이 약이 아무 소용이 없다. 좋은 것을 줘도 좋은 것으로 받아먹을 수 없기 때문이다. 사랑을 할 수도 없고 줄 수도 없이, 외롭고 괴로운 상태로 자기 안에 갇혀서 살게 된다.

미치고 팔딱 뛸 것 같을 때, 악을 쓰며 울기도 하고 물건을 마구 집어 던지기도 한다. 제 몸을 할퀴기도 하고, 방문을 걷어차기도 한다.

정서 조절 능력은 양육자와의 경험을 통해 내면화하게 되는 건데, 그런 양육자와의 좋은 관계 경험이 너무 없었던 것이다. 오히려 불난 가슴에 기름을 부었을 것이다.

"미친년 또 지랄이네."

"냅둬! 저러다 말겠지!"

"가지가지 한다."

"자기 마음도 다스리지 못하는 게 뭘 한다고……."

"누굴 닮아 애가 성격이 저 모양이냐."

"나도 힘들어 죽겠는데, 너까지 왜 그러니? 차라리 같이 죽자!"

이럴 때, 누군가 다가가서 차분하고 위엄 있게 안아주면 미친 듯이 날뛰는 감정이 차분하게 가라앉게 된다. 이 경험을 하게 된다면 그 좋은 대상과의 경험이 내면화되면서 '정서적인 조절 능력'을 갖게 되는 것이다.

호랑이 꿈을 통해 나는 분석가에 대한 나의 분노를 말로 할 수 있었고, 분석가는 그런 나의 전이(내담자가 어린 시절에 중요한 대상에게 느낀 경험과 정서를 상담사에게서 찾으려고 하는 것)를 따뜻하게 해석해주었다. 그 해석은 내 안에 있는 괴물을 온전히 안아주었고, 그 온기로 찢겨진 내 마음은 담겨지고 있었다.

난 무서웠다. 내 안의 괴물이 나와서 분석가와의 관계를 망가뜨리고 사람들이 나를 떠나게 되는 것이 두려웠다. 그래서 그 호랑이가 의식 밖으로 나오지 못하도록 온몸으로 문을 막아선 것이다. 그러나 굶주린 호랑이를 언제까지 방 안에 가두어 둘 수 있겠는가?

아이들이 악몽을 꾸면서 울면 가족은 아이에게 외부 현실이 되어 인내심을 가지고 따뜻하고 부드럽게 아이를 달래주어야 한다. 영국의 정신분석가 도널드 위니캇은 "악몽 자체는 유아에게 만족스러운 경험이 될 수 있다."고 말했다. 유아나 아동은 낮 동안 있었던 낯선 경험과 자극들로 인해 악몽을 꾼다. 성인은 꿈과 현실을 잘 구분하지만 그렇지 못한 시기에는 낮의 경험들을 기괴하고 공포스러운 이미지로 기억의 저장고에 넣어두게 된다. 그래서 아이가 악몽을 꾸면 부드럽게 잠에서 깨워주고 꿈을 물어봐주고, 그것이 현실이 아니라는 것과 현실은 안전하다는 것을 경험하게 해주어야 한다. 낮에 동생을 돌보느라 잠시 나에게 서운하게 응답했던 엄마, 낮에 이모 집에 갔다가 처음 사람 인형을 보고 흠칫 놀란 순간들이 꿈의 재료가 되었을 것이다. 인체의 비밀이 신기하듯 이렇게 우리의 뇌가 하는 일도 놀랍다. 보고 듣고 맛보고 느낀 모든 자극을 우리의 뇌가 기억하고 소화하고 저장하는 일을 꿈이 한다. 우리가 잠을 자는 동안 꿈은 우리의 뇌 속에서 열심히 일을 한다.

아무리 좋은 엄마가 그 역할을 열심히 한다 해도 어쩔 수 없이 아이는 필연적인 좌절을 겪게 된다. 왜냐하면 엄마에게는 돌봐야 하는 다른 가족도 있고, 엄마가 몸이 아플 때도 있기 때문이다. 이런 필연적인 좌절로 인해 내가 분석가를 공격하려고 했던 것처럼 아이는 엄마를 공격하게 된다. 이때 공격할 대상이 없는 내담자들은 자신의 일부를 공격하게 되고, 좌절과 박탈을 주는 현실을 받아들일 수 있는 성숙의 기회를 놓치게 되는 것이다.

우리가 완벽한 부모가 아니어도 괜찮은 이유가 바로 이것이다. 완벽하지 않은 환경으로 인해 좌절과 결핍을 경험한 아이의 공격에 대해서 잘 담아줄 수 있다면, 아이는 부모를 '전체 인간(whole person, 완벽하지 않고 실수를 하기도 하지만 충분히 좋은 보모)'으로 인식하게 된다. 그렇게 되어야 부모를 자신의 욕구를 충족시켜 주는 대상으로만 보지 않고, 다른 사람에 대한 배려나 책임감을 가질 수 있게 된다. 사랑하는 존재를 공격하려는 생각이 생기면 동시에 죄책감이 생기기 때문이다. 엄마한테 짜증과 화를 내고 나서 나중에 눈치 보다가 주방일을 도와주는 것처럼 말이다.

'화'는 자꾸만 부정하고 억압하면 오히려 거대한 괴물이 된다. 하이타니 겐지로의 장편소설 『나는 선생님이 좋아요』에 데쓰조라는 아이가 있다. 데쓰조는 학교 바로 뒤에 있는 쓰레기 처리장에서 산다. 어느 날 데쓰조가 두 마리의 참개구리를 발로 짓뭉개 죽여버린 끔찍한 사건으로 소설은 시작된다. 그 후 데쓰조는 수업시간에 선생님에게 달려들고 같은 반 친구 후미지를 공격해서 다치게 했다. 그런데 놀라운 것은 그 일을 처리해야만 하는 젊은 신참 교사 고다니가 취한 행동이다.

고다니는 데쓰조가 왜 그런 짓을 했는지 알기 전엔 어떤 행동도 취하지 않았다. 얌전하고 착한 데쓰조가 왜 그런 끔찍한 행동을 했는지 충분히 알고 이해하기 전까지 모든 판단을 미루었고 조용히 기다렸다. 사건이 있은 지 사흘째 되던 날, 데쓰조의 할아버지 바쿠가 찾아오면서 고다니는 데쓰조가 자기가 키우던 개구리를 짓뭉개 죽이고 후미지를 공격할 만큼 화가 난 이유를 알게 되었다. 데쓰조는 개구리에게 살아 있는 먹이를 줘야 한다는 것을 배운 뒤부터 개구리에게 먹이를 주기 위해 잼병에 파리를 모았는데, 후미지가 처리장에 들어와서 데쓰조의 병을 가지고 간 것이다. 그리고 병 안에 있는 파리를 모두 버리고 개미를 넣어 그 병은 수업시간에 개미 관찰용 병이 된 것이다.

이 모든 사실을 듣고 나서 고다니는 후미지에게 찾아가서 데쓰조에게 사과하라고 이르고는 데쓰조를 교무실로 불렀다. "너한테 사과해야겠다. 넌 파리를 모으고 있었지, 병에 담아서 말이야. 개구리가 먹이가 적어지자 걱정이 되었어. 그런데 그게 없어져서 화가 났지? 네 기분을 몰라줘서 정말 미안하구나."

20대 중반이 된 한 남자가 분노 조절이 안 돼서 오랫동안 약을 먹다가 상담실을 찾아왔다. 가족은 모두 그를 두려워했지만 그렇다고 포기할 수도 없는 노릇이었다. 그는 가족 중 누구라도 신경을 거슬리게 하는 말을 하면 아무거나 손에 잡히는 대로 던져버렸다. 상담이 진행되는 중에도 일주일에 한두 차례 이런 행동은 멈추지 않았다. 그의 부모는 공격적인 행동을 멈추게 해달라고 의뢰한 것이었지만, 난 무엇이 그를 그렇게 괴물로 만들었는지 알아야만 했다. 내가 그를 충분히 이해했을 때 비로소 나는 그에게 단호한 경고를 할 수 있었다. "앞으로 한 번만 더 사람에게 물건을 던지는 일이 생기면 난 다시는 당신을 만날 수 없어요. 난 내 말에 책임을 질 테니, 당신은 당신의 행동에 책임을 져야 할 거예요. 당신이 무엇 때문에 얼마나 화가 났는지 이제는 알 것 같아요. 하지만 그렇다고 계속 그런 행동을 하도록 지켜볼 수는 없어요."

나는 이 단호함으로 날뛰는 그를 안아주었고, 그는 나의 견고한 울타리 안에서 스스로를 진정시킬 수 있게 되었다.

그때 그 남자는 지금 어떻게 지내고 있을까?

"요즘은 화가 날 때 어떻게 참고 있어요?"

"너무 화가 나서 나도 모르게 의자를 집어 들었는데, 그때 선생님 얼굴이 떠올랐어요. 그리고 선생님 목소리도 들리고요. 처음이에요. 집어 던지려고 들었던 물건을 얌전하게 내려놓은 것은……"

나와의 경험이 남자의 내면에 자리를 잡았다. 그동안 아무도 그가 분노하는 이유에 대해 들어주지 않았기에 스스로 괴물이 되어가는 그를 진정시키지 못했던 것뿐이다.

데쓰조에게도 나의 내담자에게도 자신의 이야기를 들어주고 자신의 마음을 이해해줄 사람이 필요했다. 우리는 저마다 방 안에 굶주린 호랑이를 한 마리씩 키우고 있는지도 모른다. 그 호랑이는 분노일 수도, 시기심일 수도, 다른 어떤 감정일 수도 있겠다. 자신의 목소리에 진심으로 귀 기울여주는 사람 앞에서 우리는 그동안 외면했던 스스로의 어둠을 직면하는 용기를 낼 수 있는 것이 아닐까.

이 어둠 속에서
누가 날 좀 꺼내주세요

유아기에는 악몽을 자주 꾼다. 앞서 말한 것처럼 한 번도 경험하지 못한 새로운 자극들은 어린이들이 소화하기엔 너무나 버거운 것들이다. 처음 보는 기차, 처음 듣는 엄마의 화난 목소리, 처음 만져본 강아지의 털, 처음 밟아본 자전거 페달, 처음 걷게 된 것, 처음 엄마와 떨어져 어린이집 버스를 탄 것, 처음 커다란 학교에 간 것, 처음 본 무서운 남자 선생님, 처음 본 운동장에 커다란 언니/누나/오빠/형이 거칠게 몸싸움을 하는 모습…… 이 모든 것이 세상으로 한 발 한 발 나아가는 어린이에게는 신기하고 무서울 것이다. 그것이 꿈의 재료가 되어, 어떤 것은 하늘을 나는 새가 되고, 어떤 것은 거대한 괴물이 되어 나를 쫓아온다. 악몽이 반복되면 아이들은 잠자는 것을 두려워하게 된다. 어떻게든 잠들지 않으려고 자는 가족을 깨우고 물을 마시고 싶다는 핑계로 침대 밖으로 자꾸 나오기도 한다. 아이들에게 잠을 자기 위해 눈을 감는 것은 엄마가 사라지는 것이고 혼자 남겨지는 것이다. 그래서 먼저 잠든 엄마의 눈을 고사리 같은 손으로 억지로 열려고 한다. "엄마~ 눈 떠! 자지 마!" 하면서.

보통 여섯 살 이전에 악몽을 꾸다가 일어나서 우는 일, 그리고 귀신을 무서워하는 것은 이 시기의 아이들에게 지극히 정상적인 것이기 때문에 크게 걱정할 일은 아니다. 아이들이 악몽을 꾸면 '귀신 같은 것은 세상에 없어'라고 설명을 하기보다는 함께 있다는 것을 느끼게 해줌으로서 잠들 수 있게 도와주는 것이 좋다.

잠들지 않으려고 하는 또 다른 이유는 걸음마를 시작하면서 스스로 할 수 있는 탐험의 세계에 대한 흥분감 때문이다. 집 안의 모든 것이 신기하고 그것을 향해 걸어갈 수 있는 자신의 능력이 신기해서 탐험과 도전을 멈추게 하는 '잠자기'를 거부하는 것이다. 그럼에도 불구하고 일정한 시간에 규칙적으로 잠들게 하는 것 역시 중요하기 때문에 부모는 집 안을 어둡게 함으로써 한껏 흥분된 아이를 가라앉히며 잠들 준비를 시킨다. 어둠 속에서도 혼자 있는 것이 아니라 부모도 그곳에 함께 있고,

잠자는 동안에도 부모가 영원히 사라지지 않는다는 것을 신뢰할 수 있게 도와주어야 한다.

악몽을 꾼 아이는 꿈과 현실을 구분하지 못해서 눈은 떴지만 정신은 여전히 악몽에 갇힌 채 허우적거린다. 그러곤 엄마를 소리쳐 부른다. '엄마! 어디 있어요? 나를 혼자 두지 마요! 이 어둠 속에서 나를 빨리 꺼내주세요!'라고 울음으로 엄마를 부른다. 그래서 이 시기에 낮이든 밤이든 아이를 혼자 자게 하고 외출하는 것은 아이에게 외상(트라우마)을 남기게 된다. 이와 같은 외상 경험이 너무 오랜 시간 지속되었거나 자주 일어나게 된다면, 그 악몽은 성인이 되어서까지 반복적으로 따라다니며 어둠에 갇힌 상처받은 아이를 드러낸다.

나 역시 초등학교 저학년 때까지 거의 매일 악몽을 꿨고, 사춘기를 지나 성인이 되어서도 말로 표현할 수 없는 공포와 슬픔이 쓰나미처럼 덮쳐오는 듯한 꿈이 지속되었다. 그런 꿈은 내용을 기억하지 못할 때가 더 많았고, 깨고 나서도 하루 종일 먹먹함과 슬픔의 흔적을 짙게 남겨두었다. 악몽을 꾸다가 잠이 깬 나는 소리 내어 울었고, 언니가 아무리 달래도 울음을 멈추지 못해서 결국 부모님이 주무시는 방으로 베개를 들고 가야 하는 날이 많았다.

"설아, 설아! 눈 떠봐! 꿈꿨어? 얘 또 왜 이래! 엄마 여기 있잖아! 눈 떠봐! 애가 왜 이렇게 정신을 못 차려! 낮에 뭐 놀랠 일 있었나?"

가족이 아무리 내 이름을 부르고 몸을 흔들어도 어둠 속에 갇혀 있는 나를 밝은 현실 세계로 꺼내지 못했다. 지금도 그 장면을 떠올리면 칠흑 같은 어둠 속에서 빠져나오지 못하고 허우적거리는 두려움이 느껴진다. 그땐 언니도 엄마도 아무런 도움이 안 되었다. 엄마가 내 뺨을 때리기도 하고 언니가 내 팔을 주무르기도 했지만, 그런 외부 자극은 어둠 속을 헤매고 있는 나와 접촉되지 않았고, 나는 철저하게 분리되어 혼자 그 공포 속에서 몸부림쳐야 했다. 마치 다른 차원의 세계에 갇혀서 영원히 나오지 못할 사람처럼.

악몽이란 것이 반드시 괴물이나 귀신이 나오는 꿈만을 말하는 것은 아니다. 좁고 어두워서 답답한 느낌, 어딘가에 갇혀 있는 느낌, 손발이 뜻대로 움직여지지 않아 미칠 것 같은 느낌이기도 하다. 무거운 솜이불 같은 커다란 덩어리에 몸이 깔려서 질식할 것 같다. 이불을 판판하게 펴려고 아무리 애를 써도 계속 흐트러져서 비명을 지르며 울부짖다가 깨기도 한다. 이런 느낌은 말로 설명할 수 없는, 그저 '미칠 것 같은' '뭔가 터질 것 같은' 느낌 외에는 달리 표현할 방법을 찾지 못한다. 언어에 담기지 못하고 파편화돼서 둥둥 떠다니는 어떤 감각 덩어리 그 자체다.

나의 이 덩어리 같은 느낌은 자라면서 꽤 오랫동안 지속되었고, 잠자리에서뿐만 아니라 깨어 있는 시간에도 종종 나타났다. 특히 아침 9시, 신림동 골목길의 공기와 소리는 내가 가장 싫어하는 덩어리 느낌이다. 그 시간은 언니, 오빠가 모두 학교에 가고 없는 시간이다. 골목에 사는 동네 사람들도 학교를 가거나 출근을 했고, 주부들은 분주하게 집안일을 할 시간이기 때문에 골목길은 고요하고 한산했다. 난 그 텅 빈 냄새가 무서웠다. 그 쓸쓸함에 간간이 들리는 세탁소 아저씨 소리나 개가 짖는 소리는 내 정신을 다 앗아갈 만큼 싫었다. 잠에서 깨서 비어 있는 골목에 나가 혼자 서 있으면 내 몸은 갑자기 힘이 쭉 빠지면서 털썩 주저앉게 되었다. 슬픔인지 두려움인지 외로움인지 이름 붙일 수 없는, 형태 없는 뿌연 안개 같은 그 상태가 나를 휘감으면, 난 존재한다는 것 자체가 너무 무서워졌다. 내게 텅 빈 골목은 우주만큼 넓고 끝이 없을 만큼 길다. 학교를 아직 다니지 않았던 나이인지라 나는 그 시간쯤에 눈을 떴을 거다. 그리고 눈을 뜨면 언제나 엄마는 없었다. 엄마가 직장을 다닌 것이 아니기 때문에, 그 시간에 집에 있는지 없는지 어디를 갔는지 언제 오는지… 아무것도 예측할 수가 없었다.

"세~탁! 백양세~탁!"

우주의 소리처럼 멍하고, 임산부 뱃속의 양수처럼 웅웅거렸던 내 귓가에 세탁소 아저씨의 목소리가 들릴 때에야 나의 정신은 점점 현실로 한 발짝씩 나온다.

서서히 굳어진 몸을 움직여서 엄마를 찾아본다. 부엌 쪽을 향해 "엄마~" 하고 불러도 본다. 몸은 움직이고 있지만 아직은 몸과 정신이 따로 노는 느낌이다. 대문 밖으로 나가서 골목길을 좌우로 살펴본다.

"컹! 컹!"

개 짖는 소리가 들린다. 다시 무의식의 세계가 나를 집어삼킬 듯 밀려든다. 그때 귓가에 부드럽고 나지막한 목소리가 들린다. 분석가의 목소리다.

"윤설 선생님, 지금 괜찮아요?"

"네……."

다행이다. 혼자가 아니다.

"더 이야기할 수 있겠어요?"

"네."

"어떤 느낌인지 더 말해볼 수 있겠어요? 괜찮다면……."

"세상에 아니, 우주에 나 혼자 덩그러니 있는 것 같았어요……. 웅웅 울리는 엄마의 양수 속에서 허우적거리는 것 같은……."

 내 안에 오랫동안 잠들었던 세포들이 하나하나 깊은 잠에서 깨어난다. 그리고 깨어난 그 감각이 목구멍을 타고 의식의 세계로 올라와 언어로 빚어져서 바깥세상으로 내보내졌다. 그리고 그것은 분석가의 귀를 통해 그녀의 가슴에 안착되었다. 언어에 담겨져서 몸 밖으로 빠져나가는 것이 싫지만은 않았다. 언어에 담긴 그 덩어리들은 다시 분석가의 품에 담겨졌고 나의 두려움은 점점 밀려나서 연상은 더욱 활발하게 계속될 수 있었다. 나는 연상된 이미지들을 언어에 담는 데 온 정신을 집중했다. '잘 정돈된 언어일 필요는 없다. 그냥 목구멍에서 밀고 나오는 것을 그대로 내보내면 된다.'

 "온몸에 힘이 빠져서 그 자리에 주저앉고 싶기도 하고, 어쩔 땐 몸이 돌덩어리처럼 굳어져서 옴짝달싹 못 하는 것 같기도 했어요. 살 자신이 없는데 죽음도 무서운 느낌이랄까……. 계속 살 수도 없고, 그렇다고 죽는 건 더 무서워서 이러지도 저러지도 못해 동동거리고 있는 것 같아요. 집으로 뛰어 들어가서 모든 문을 다 열어놓고 다시 이불 속으로 들어가서 엄마가 올 때까지 아무 책이나 손에 잡히는 대로 읽어버렸어요."

 그렇게 나의 파편화된 감정의 덩어리는 분석가에게 온전히 담겼고, 어둠 속에서 함께 있으며 나와 함께 있어준 분석가와의 그 경험은 다시 내 안에 깊게 담겨졌다.

　분석 초기에 난 이 정체가 분석가 앞에서 나오게 될까 봐 두려웠다. '아무도 진정시킬 수 없을 거야. 나의 이 느낌을 누가 감당할 수 있겠어? 그 정체가 뭔지 누가 알아낼 수 있겠어? 이 세상에 그걸 이해하고 담아낼 수 있는 사람은 아무도 없을 거야.' '만약 내 감정이 주체할 수 없이 용솟음치면… 소리를 지르거나 미쳐서 날뛰거나 졸도를 할지도 모른다. 소리 내서 울다가 내 시간이 다 지나갔는지도 모르고 다음 사람에 의해 질질 끌려 나갈지도 모른다.' '나를 이렇게 건드려놓고 왜 어떻게 하지도 못해요! 하며 그녀에게 달려들지도 모른다.'

　상담자로서 이 경험이 얼마나 중요한지 안다. 이 경험은 내담자들이 상담을 시작하면서 가지게 되는 두려움을 이해하는 데 반드시 필요한 경험이다. 그리고 담기고 담아주는 그 사건이 어떻게 삶을 변화시키는지에 대한 확신을 주는 배움이 어떤 수련 과정보다 의미 있다는 것을 잘 안다. 그들은 말로 표현할 수 없는, 자기답지 않은, 그리고 통제할 수 없는 삶과 죽음에 대한 공포를 자신의 방식으로 표현하려고 애쓰지만 쉽지 않다. 이 큰 덩어리 같은 감정은 무의식 아주 깊은 곳에 억압시켜 놓은 어떤 기억과 감정이다. 그것이 수치심이든, 죄책감이든, 분노든, 거절감이든, 무엇이든 간에 그것을 무의식 안에 단단하게 가둬둔 것이다.

첫 면담 뒤 6개월 동안 여러 핑계를 만들어 미루던 A양이 다시 찾아와 상담을 한 뒤 3년째 되던 해에 이런 고백을 했다.

"나를 깊이 보면 끝없는 나락으로 떨어질 것 같았어요. 블랙홀 같은 곳으로 빨려들어 가버릴 것 같아서 내려가고 싶지 않았어요. 내가 산산이 깨져서 나를 잃어버리게 되진 않을까 두려웠어요. 그런데 언제부터인지 두렵지 않게 되었어요. 제가 깊은 곳으로 떨어져도 밑바닥에 선생님의 손이 나를 받아낼 수 있다는 걸 믿어요."

외부에서 들리는 개 짖는 소리, 누군가 부드럽게 나를 안아주는 손길, 나의 이름을 불러주는 따뜻한 목소리. 이런 것들은 무의식에 갇혀 있는 나에게 현실과 접촉하게 해주는 경계를 만들어준다. 그 경계가 없으면 블랙홀로 빨려들어 가거나 우주로 흩어져버릴 것 같은 두려움에 삼켜진다. 내면에 깊이 들어가는 작업을 혼자 하는 것이 위험한 이유가 이 때문이다.

이런 경험은 분석 작업에 대한 두려움을 갖게 하지만, 이전에는 혼자 겪어야 했던 그 순간이 누군가에게 담기게 되면서 새로운 관계를 경험하게 된다. 이 경험은 한 번으로 끝나는 것이 아니라, 수십 번의 담금질을 통해 더 단단하게 내면에 장착되어야 한다.

내담자들의 불안한 감정은 어떤 특별한 사건이 아니라, 아무에게도 도움을 청할 수 없이 '혼자'라는 느낌 때문일 때가 많다. 행복하고 건강하게 살아가기 위해서 우리는 서로에게 담기고 담아줄 수 있는 능력이 필요하다.

2
나와 함께 어둠 속에 앉아 있어줄 사람

우리로 하여금 살아갈 힘을
잃게 하는 것도 사람이고
살아갈 힘을 갖게 하는 것도 사람이다

다른 이들로부터 받는
사랑이 있다면 더 좋겠지만

자기 자신을 스스로 아끼고
사랑할 수만 있어도
살아낼 수 있다

당신의 손을 잡아줄 사람,
여기 있어요

내 삶에 내가 주인공으로 있으려면 다른 사람이 아닌 자신에게 질문을 던져야 한다. 특히 중요한 선택을 할 때는 더욱 그렇다.

대학원을 마치고 진로에 대한 고민을 할 때였다. 박사에 지원하거나 기관에 취업을 하는 것, 그리고 임상가로서 좀더 전문적인 수련을 받는 것 중에 하나를 선택해야 했다.

내가 정말 하고 싶은 것이 뭘까. 주변 사람들에게 자문을 구했는데, 의견이 분분해서 더 혼란스러웠다. 마지막으로 아이들에게 물어봤다.

"엄마가 어떤 선택을 하는 게 좋을까?"

딸이 이렇게 대답했다.

"엄마는 우리한테 늘 가슴이 뛰는 일을 하고 살라고 하면서 그게 뭐가 어려워? 엄마, 가슴을 뛰게 하는 쪽으로 가!"

그야 그렇지만… 현실이 어디 그렇게 간단한가…….

하지만 적어도 나를 가슴 뛰게 하는 일이 무엇인지만큼은 명확했다.

우리 집은 작은 여인숙으로 시작되는 골목 한가운데에 있었다. 나는 그 신림동 골목에 초등학교 3학년 때까지 살았다. 집에서 저녁을 먹으라고 부르는 소리를 듣기 전까지 동네 아이들은 여인숙 불빛 아래에 모여서 '무궁화꽃이 피었습니다' '우리 집에 왜 왔니?' 놀이를 하곤 했다. 매일 해가 질 무렵이면 골목에는 아이들이 노는 소리와 엄마들이 아이들을 부르는 소리로 시끌벅적했다. 반면 일요일 아침은 조용했다. 언제부터인지 일요일 이른 아침, 이불 속에서 밍기적거리고 있을 시간에 아침을 깨우는 여자의 목소리가 들리기 시작했다.

"예쑤 미꼬 구원받으쎄용~"

마치 '두부 사려~'라고 물건을 파는 듯 우스꽝스러운 억양으로 외치며 골목을 왔다 갔다 하는 여자의 목소리. 그 소리는 오늘이 일요일이라는 것을 알려주는 교회 종소리 같았다. 말투와 목소리가 하도 웃겨서 무섭진 않았는데, 엄마가 미친 여자니 내다 보지 말라고 해서 직접 얼굴을 본 기억은 없다. 그 여자의 목소리를 들을 때마다 궁금한 것들이 많아 생각하느라 좀처럼 이불 밖으로 나오지 못했다.

'예수님을 열심히 믿는 사람인가 본데 예수님은 왜 고쳐주지 않았을까?'

그때 엄마가 한소리한다.

"미칠 거면 곱게 미치지……."

'곱게 미치는 것도 있나?'

그 소리는 꽤 오랫동안 골목을 깨우다가 언젠가 사라졌다.

'정신병원에 갔을까? 누가 집에 가둔 걸까? 이사를 간 건가? 혹시 죽었나?'

여자의 목소리가 없는 조용한 일요일 아침은 뭔가 서운하기도 했다.

엄마의 옛날이야기에 자주 등장하는 미친 여자가 있다. 엄마가 살던 동네에 큰 정자나무가 있었는데, 그 나무에 혼자 사는 미친 여자가 있었단다. 미치긴 했지만 얼굴도 예쁘고 상냥해서 마을 사람들은 먹을 것을 챙겨주고 옷도 가져다주며 함께 이웃으로 지냈단다.

"그 언니는 왜 미쳤어?"

당연히 궁금했다. 엄마 앞에 엉덩이를 바짝 옮기고는 나의 모든 상상의 문도 함께 활짝 열어두었다.

"아버지가 일찍 돌아가시고 엄마도 남자 생겨서 애만 두고 집을 나갔어. 그래도 혼자 남의 집 애도 봐주고 허드렛일도 하면서 밝게 잘 살았는데, 동네 어떤 몹쓸 놈이 겁탈을 해서 애까지 밴 거야. 누구 애인지도 모르고……."

기대 이상으로 이야기가 흥미진진했다.

"그래서?"

"그러다 아기를 낳았는데, 좀 모자란 애가 혼자 애를 어떻게 키우겠어. 동네 사람들이 서로 돌봐주고 미역국도 끓여다 주고 아기 옷도 얻어다 주면서 키웠지. 그런데 어느 날 아기를 못 낳는 집에서 몰래 아기를 훔쳐 가버렸잖아! 어차피 어린애가 혼자 키우지도 못할 테니 차라리 잘됐다는 사람도 있었고. 그땐 아기 못 낳는 사람들이 그렇게 아기 훔쳐 가는 일이 종종 있었으니까. 그 뒤로 한동안 울며불며 애 찾으러 다니더니 결국 미쳐가지고 베개를 등에 업고 자기 애라고 하며 다니는 거야. 집에 들어가지 않고 마을에 큰 정자나무 속에 들어가서 먹고 자고 그러면서 말이지."

엄마의 이야기는 거기서 끝이 났지만 내 필름은 멈추지 않고 계속 뜨겁게 돌아갔다.

'부모 형제 없이 어린 나이에 어떻게 살았을까. 잠잘 때 무서웠겠지? 그러다가 아기가 가족이 되어 항상 붙어 있게 되었으니 얼마나 좋았을까?'

"그래서? 그 언니는 나중에 어떻게 됐어?"

"글쎄… 언젠가부터 안 보였는데… 어떻게 됐는지 모르겠네……."

"그럼 그 언니 그다음엔 본 적 없어? 소식도 못 들었어?"

"아유, 뭐 좋은 이야기라고 자꾸 꼬치꼬치 캐물어! 시끄러! 가서 네 할 일이나 해! 쓸데없는 생각 좀 하지 말고!"

'치… 어린애 앞에서 별이야기를 다 해준 사람이 누군데!'

엄마는 휑 가버렸지만 나는 자리에서 쉽게 일어나지 못했다.

'왜 미친 사람들은 유령처럼 어디론가 사라지는 거야. 너무 궁금한데. 아기 찾으러 어디 멀리 가다가 길을 잃었을까? 몹쓸 놈이 그 언니까지 훔쳐 갔을까? 아기 찾다가 사고를 당했나? 착한 사람이 가엽게 생각하고 데려갔을까? 지금도 살아 있을까? 더 미쳤을까? 아니면 이제는 잘 살고 있을까?'

나는 상상 속에서 부모를 잃고 혼자 빈집에 있는 그 소녀가 되어보기도 하고 아기를 보고 웃는 아기 엄마도 되어보았다. 그리고 그 '나무 집'에 들어가보기도 했다.

사연 없이 그냥 미치는 사람은 없다. 그리고 미치면 곱게 미칠 수 없다…….

세 번째는 우리 언니를 '샛별 언니'라고 부르던 동네 언니 이야기다. 초등학생 때 학교를 마치고 집에 왔더니 큰언니가 집에 누굴 데리고 와서 밥을 먹이고 있었다. 언니한테 "샛별 언니, 샛별 언니." 하며 졸졸 따라다니고 나에게도 환하게 웃어주었던 '비교적 곱게 미친' 언니였다. 지금 생각해보니 우리 언니보다 나이를 한참은 더 먹었을 것 같다.

어느 날 일찍 집에 돌아온 엄마는 동네 미친 아이를 집에까지 데리고 오면 어떻게 하냐고 언니를 호되게 야단쳤다. 그래서 그 뒤로 한 번도 그 언니를 본 적은 없다. 그리고 그날 이후 그 미친 언니는 우리 집에서 금기어가 되어 궁금한 것이 많지만 질문조차 할 수 없었다. 다만 확실히 아는 것은 그 미친 언니 눈에는 웃어주고 먹을 것도 주는 우리 큰언니가 샛별처럼 보였다는 거다.

그 후 성인이 되면서 나의 호기심과 상상력은 더 이상 상상에 그치지 않았다. 나는 적극적으로 그들을 느끼려고 했고, 왜 미치게 되었는지 알고 싶어졌다. 도대체 무슨 일이 있었던 건지, 무슨 일을 겪으면 사람이 저렇게 정신줄을 놓게 되는 것인지, 어떤 과정으로 정신줄이 놓아지는 것인지 궁금했다.

한번은 지하철 1호선에서 혼잣말로 누군가에게 큰 소리로 욕을 하는 할머니를 봤다.

"이년아! 이 못된 년아! 천하에 뒈질 년아!"

할머니는 허공에다 삿대질을 하며 소리를 지르고 있었다. 주변에 있던 사람들이 슬슬 다른 곳으로 피하기 시작했다. 할머니는 허공을 향해 보이지 않는 존재에게 주먹질을 하고 침을 뱉기 시작했다. 대각선 좌석에 앉아 있던 나는 그 할머니가 누구에게 뭐라고 화를 내는지가 궁금해서 안전거리를 확보하면서 좀더 가까이 다가갔다. 들어보니 본인이 맡은 역할은 시어머니고, 상대는 며느리다. 시어머니가 자신인지, 며느리가 자신인지 알아보려고 두 귀를 쫑긋 세우며 한참 분석을 하다가,

'어머나!'

종각역에서 내려야 하는데 인천까지 가버렸다.

뭐가 궁금했을까? 무엇이 나를 이끌었을까? 그들의 슬픈 눈빛 안쪽 깊은 곳에 있는 상처를 보고 싶었다. 그들의 언어 저 너머에서 '내 손 좀 잡아주세요.' 하는 소리가 나를 잡아당겼다. 그 손을 잡아서 그 암흑의 빗장을 열어주고 싶었다. 무섭지 않았다. 그들의 어느 한 면은 나와 다르지 않은 것 같았다.

나도 살면서 차라리 정신줄을 놓아버리고 싶을 때가 있었

다. 정신줄을 놓아버리면 얼마나 편할까? 그냥 하고 싶은 말을 다 하고 악쓰고 싶으면 악쓰고 욕하고 싶으면 욕하고 답답하면 옷 벗고 밖으로 뛰어나가서 찬물 뒤집어쓰고. 때리고 할퀴고 침 뱉고 꺼져버리라고 '지랄'을 하고 싶을 때가 있었다.

억울할 때는 옷을 찢어버리고 싶고, 기가 막힐 때는 양손으로 사정없이 내 뺨을 치고 싶고, 답답할 때는 머리털을 다 뽑아버리고 싶었다. 땅을 치며 목 놓아 울고 싶고 머리를 풀어 헤치고 자유롭게 몸을 흔들고 싶을 때도 있었다. 그러나 사실은 그렇게 하게 될까 봐 항상 두려웠다. 내가 정신줄을 놓으려고 할 때, 아무도 나를 붙잡아 줄 수 없다는 것이 더 두려웠다. 그래서 스스로 단단히 붙잡아야 했다.

그들은 나와 크게 다르지 않은 사람들이었고, 그저 나의 정신줄이 그들보다는 조금 더 단단했을 뿐인데. 누군가 정신줄을 잡아줄 수 있는 사람이 있다면… 누군가 미치고 팔짝 뛸 것 같은 억울함과 답답함에 대해 물어봐주는 사람이 있다면 조금 진정이 될 텐데…….

그래, 나는 이런 상담사가 되고 싶다. 정신줄을 놓을 것 같아 신호를 보내는 사람들. 목숨줄을 놓을 것 같아 손을 내미는 사람들. 그들이 나에게 보내는 시그널이 나의 심장을 뛰게 한다. 그들과 눈 맞추고 그 마음의 깊은 곳에서 하고 싶은 이야기가 무엇인지 들을 수 있는 전문성을 갖추고 싶다. 그들의 증상을 이해하고 담아낼 수 있는 이론을 찾아서 공부하고 싶다. 끝을 알 수 없는 긴 터널에 갇혀서 앞으로도 뒤로도 가지 못하는 그들과 함께 그 터널에 있어줄 수 있는 단단한 정신줄을 갖고 싶다.

내담자들의 무의식은 넓은 바다다. 풍덩 들어가서 깊은 곳까지 내려가고도 싶고, 마음껏 수영을 하고 싶으면서도 두려운 게 바다다. 나는 두려움과 설렘으로 그 바닷속으로 들어가기로 결정했다.

당신의 삶에는
당신이 있나요?

　몇 년 전, 일 때문에 베이징에 갔다가 예정에 없던 만리장성에 오를 기회를 얻었다. 언젠가 만리장성에 오를 일이 있으면 난 그 긴 계단을 정말이지 천천히 오르고 싶었다. 오르다 멈춰서 하늘을 올려다보기도 하고 넓은 대륙을 내려다볼 생각이었다. 하지만 막상 가보니 엄청난 관광객들이 줄을 서 있어서 내가 꿈꾸던 만리장성은 입구부터 눈앞에서 사라졌다.

　오르기도 전에 꼬리에 꼬리를 문 줄 한가운데서 사람들의 땀냄새에 속이 울렁거렸다. 30분이 넘도록 줄에 서 있다가 드디어 들어갔는데, 올라가고 있다기보다는 줄에 서서 떠밀리고 있다는 표현이 더 적절할 것 같다. 걸음을 멈춰서도 안 되고, 뒤를 돌아봐서도 안 된다. 심지어 좌우를 살펴서도 안 된다. 그저 앞사람의 엉덩이만 바라보며 리듬 있게 올라가지 않으면, 자칫 발을 헛디뎌 뒤에 길게 늘어서 있는 사람들까지 위험해질 수 있다. 내가 가장 싫어하는 여행이다. 줄 서서 가야 하는 여행. 멈출 수 없고 머물 수 없고 충분히 누릴 수 없는 여행은 정말이지 최악이다.

언젠가부터 우리나라는 만리장성을 오르는 사람들 같다. 멈추면 끝장인 것처럼, 쉬면 끝장인 것처럼 산다. 대학교 입학을 위해 그렇게 달려왔지만, 그게 끝이 아니다. 취업할 때까지 다양한 외국어에 각종 자격증, 그리고 학점 관리까지 열심히 달리지만 그것도 끝이 아니다. 취직해서 이제 정말 내가 좋아하는 일을 할 수 있을 거라 생각하지만 그런 한가한 생각을 할 시간은 없다. 자기 계발과 진급을 위한 시험이 또 기다리고 있으니까.

내담자들은 종종 이런 말을 한다.

"길을 잃어버린 것 같아요. 내가 누구인지, 어떤 사람으로 살아야 하는지, 어떻게 살아야 하는지 갑자기 하나도 모르겠어요."

"선생님은 왜 사세요?"

"내가 정말 원하는 것이 뭔지 나한테 질문한 적이 없는 것 같아요."

"부모님은 내가 그런 이야기를 하면 아무 생각 말고 공부만 하라고 해요. 쓸데없는 걱정 말고 공부만 하라고."

"좋은 대학만 나오면 그땐 아무거나 마음먹은 대로 되는 줄 알았어요."

주체적으로 살아가는 것이 아니라 마치 삶 가운데로 어쩔 수 없이 떠밀려서 사는 사람들 같다. 자신이 누구인지 모른 채 인생의 중요한 문제들을 아무 생각 없이 결정하는 모습이다.

〈스카이 캐슬〉은 이런 수동적인 삶의 태도에 대해 일침을 놨다. 이 드라마는 자식을 최고의 학벌과 최고의 자리에 올려놓기 위해 수단과 방법을 가리지 않는 부모들의 치열한 만리장성 오르기를 현실성 있게 그려냈다. 대대로 서울대 의대를 졸업한 소위 의사 집안에서 태어나 의사로 만들어진 강준상이라는 인물은 어머니에게 이런 말을 한다.

"어머니는 내가 나이 오십이 되도록 어떻게 살아야 하는지 모르는 인간으로 만들었어요."

몇몇 내담자들은 상담 과정 중 어느 지점에서 이런 실존적인 문제에서 가지도 오지도 못한 채 멈출 때가 있다. '어차피 죽을 건데 왜 열심히 살아야 하나. 어차피 언젠가는 이별할 건데 왜 그렇게 아프게 사랑을 하나. 어차피 다시 돌아올 여행을 뭐

하러 가나. 아무것도 욕망하지 않으면 아무것도 잃을 것이 없는데 왜 무언가를 욕망하면서 고생을 하나. 관계에 대한 욕망도, 물건에 대한 욕망도, 성취에 대한 욕망도 갖지 않으면 거절당하거나 좌절할 일은 없을 텐데……' 이런 생각 속에 빠지면 상담은 물론 모든 관계로부터 철수해서 자신만의 동굴 속으로 다시 들어가고 싶어 한다. 한때 나도 이런 생각 속에 블랙홀처럼 빨려들어 갔던 적이 있었다. 그저 시계추처럼, 하루를 죽지 못해 살면서 살아냈던 때가 있었다. 뒤에서 미니까 앞으로 갔다. 앞으로 가야 한다니까 나도 갔다. 멈추면 다른 사람에게 피해를 주니까 앞으로 갔다. 뒤로 갈 수 없어서, 뛰어내릴 수 없어서 계속 앞으로 갔다. 그땐 하늘의 높이가 계절마다 다르다는 것도 몰랐고, 구름의 모양이 수시로 바뀐다는 것도 몰랐다. 나무가 옷을 갈아입는 것도 못 봤고, 꽃마다 다른 향기가 나는 것도 몰랐다. 그렇게 매일같이 허덕거리며 만리장성을 오르는 것 같은 삶을 살아냈었다. '거기 있지만 거기 없는 사람'이 되어…….

가슴이 텅 빈 채로 '열심히' 살아가는 사람에게는 심한 우울증으로 죽음을 생각하는 사람하고는 결이 다른 무언가가 있다. 그만 걷고 싶어 하는 그들의 마음은 쉽게 눈에 띄지 않는다. 답답한 곳으로부터 영원히 철수해서 아무도 앞으로 가라고 하지 않는 곳으로 가고 싶어 하는 갈망. 그런 이들의 죽음에 대한 갈망은 그래서 예고가 없다. 그저 하늘을 자유롭게 훨훨 날고 싶고, 남의 시선 생각하지 않고 덩실덩실 춤을 추고 싶을 뿐이다. 사는 게 무섭고 너무 힘들어서 죽음을 선택하는 것이 아니라, 자신을 온전히 채우고 싶어서 죽음을 생각한다. 삶에서 자신이 빠진 채 너무 오래 살아서 그렇다. 안도 텅 비어 있는데, 밖에도 아무도 없어서 그렇다. 임상경험이 많은 노련한 상담사들은 아무 일 없이 평화로운 때에 내담자에게 찾아온 이런 '철수하고 싶은 신호'를 볼 수 있을 것이다. 그리고 그것이 얼마나 위험한 상태인지도 알 수 있을 것이다. 그들이 자신만의 동굴로 다시 들어가지 않도록 잡아줄 수 있을 것이다.

"내 안은 텅 비었어요."

"어떻게 살아야 할지 모르겠어요. 그냥 쉬고 싶어요."

"나는 길을 잃었어요. 지금까지는 그래도 걸어갈 수 있었는데, 이 사실을 안 이상 나는 한 발자국도 갈 수가 없어요. 그만 애쓰고 싶어요."

내면이 비어 있다는 것을 알게 되었고, 텅 빈 채로 누구를 위해 살았으며, 무엇을 위해 달렸는지 몰랐다는 것을 알게 된다는 것은 이제 자신을 발견할 준비가 되었다는 것이다. 자기 자신이 사실은 누군가를 원하고, 의지하고 있었다는 것을 알아차리게 되는 순간이다. 여기서 다시 영원히 도망칠 것인지, 용기 내어 누군가에게 손을 내밀고 자신의 마음에 귀를 기울일 것인지 선택하는 순간이다. 잠시 가던 길을 멈추고 타인이 아닌 자신에게 귀를 기울이고 '지금—여기'에 있을 수 있는 용기를 내야 하는 순간이다.

그 용기를 내고 나면 마치 눈에서 비늘이 벗겨지듯 살면서 한 번도 보지 못했던 것들이 눈에 들어오기 시작한다. '지금—여기'에 있기 시작하면…….

'지금—여기'에 있지 못하는 사람은 '사람을 싫어하고 혼자 있는 것을 더 좋아한다'고 말하지만, 사실 함께 있는 것이 얼마나 편안하고 즐거운지를 경험해보지 못한 것이다. 있는 그대로의 나로 존재하면서도 사람들과 함께 충분히 즐거울 수 있다. 다른 사람과 같은 공간에 있으면서 정서적인 경계가 없으면 피곤하다. 마구 침범해오는 사람들을 맞춰주느라 자신을 잃어버리고, 방어하느라 진이 빠진 줄도 모르다 보면 아무도 없는 곳으로 도망치고 싶어진다. 잃어버린 나를 다시 살려내야 하기 때문이다. 사람들 사이에 있었지만, 거기에 온전한 자신으로 있지는 못했기 때문이다. 사람들이 그렇게 내버려두지 않았기 때문이다. 거기에 있었지만 거기에 없는 사람인 것이다. 혹은 누군가를 원하고 의지하는 마음이 자라는 것이 두려운 것일 수도 있다. 그런 마음은 상처받기 쉽고, 다른 사람을 힘들게 할 수 있기 때문이다.

우리는 묻고 또 물어야 한다.
내 삶에 내가 있는가? 내가 있는 집에, 내가 있는 직장에, 내가 있는 그곳에 정말 '나'는 있는가?

누가 너더러
그렇게 살라고 했어?

 마차가 달린다고 달리는데 같은 자리만 맴돌고 있다. 자세히 봤더니 한쪽 바퀴는 크고, 다른 한쪽 바퀴는 너무 작다. 앞으로 간다고 가지만 원을 그리며 제자리만 돌고 있던 거다.
 정말 최선을 다해 열심히 살았는데, 어느 순간 되돌아보니 한 것이 아무것도 없단다. 30년을 열심히 일했는데 아무것도 남아 있는 것이 없단다. 누구를 위해, 무엇을 위해 살았는지 모르겠단다. 곁에 아무도 남아 있지 않은데, 그렇다고 자기 자신이 있는 것도 아니란다. 어떤 삶을 살고 싶은지, 원하는 것이 무엇인지, 뭘 하고 싶은지도 모른단다. 지금까지 헛살았단다.
 바퀴의 크기가 달라서 그렇다. 그래서 인생이 어느 지점에서 멈춰서 같은 자리를 맴도는 거다. 인생을 달리게 만드는 것은 두 개의 바퀴다. 하나는 다른 사람을 위해 배려하고 희생하는 바퀴고, 다른 하나는 자기 자신을 만족시키면서 굴러가는 나르시시즘이라는 이름의 바퀴다. 이 두 바퀴의 크기가 균형이 잘 맞는 사람은 주변 사람과 자기 자신을 사랑하면서 건강하게 살아가지만, 그렇지 못하면 언젠가 몸과 마음은 탈진되었는데 알아주는 이는 아무도 없는 허망한 경험을 하게 된다. 그런 사람은 모든 에너지를 외부에 다 쏟았기 때문에 정작 자기 자신을 돌볼 수 있는 에너지는 없다.

내담자들 중엔 가까운 지인들로부터 "누가 그렇게 살랬어?"라는 말로 한 대 맞아야 비로소 자기를 보게 되는 이가 있다. 다른 사람의 결핍을 잘 볼 수 있는 마음, 다른 사람을 배려하고 돌보는 마음이 왜 나쁘겠냐마는 바퀴의 균형을 맞출 수 있어야 한다. 지나치게 타인을 만족시키기 위해 자신을 희생시키는 사람이나 타인의 욕구엔 관심이 없고 오직 자신의 욕구에만 관심이 있는 사람은, 따지고 보면 둘 다 균형이 깨진 바퀴로 달려온 것이다. 열심히 살다가 어느 날 돌아보니 소중한 사람들은 나로 인해 만신창이가 되어 다 나를 떠나버려서 달릴 수 없는 마차가 되어버린 것이다. 혹은 타인의 나르시시즘을 만족시켜 주는 대상으로 끊임없이 사용당하면서 한쪽 바퀴가 녹슬어버린 줄도 모르는 사람이 된다.

나르시시즘이란 자기 자신에 대한 존경심(자존감, 'self-esteem)이기도 하고 자신에 대한 배려와 관심(자아존중감, self-regard)을 뜻하기도 한다. 나르시시즘은 인간을 행복하게 살아가게 하는 중요한 힘이다. 단지 이 나르시시즘이 건강하지 못한 것은 문제가 된다. 흔히 알고 있는 자기애성 성격의 사람들은 타인에게 관심이 없다. 그들에게 주변 사람은 그저 자신의 나르시시즘을 충족시키기 위해 필요한 대상일 뿐이다. 그래서 그들은 주변 사람을 아무렇지도 않게 착취하고 사용한다. 마치 아기가 엄마를 필요로 하고 엄마를 사랑하지만, 그 사랑은 오직 자신의 생명과 욕구를 만족시키기 위한 존재로서 사랑하는 것과 같은 수준에서 성장이 멈춘 것이다. 그렇기 때문에 엄마는 아파도 안 되고, 화장실에 가도 안 된다. 자신이 필요로 할 때 언제 어디서나 당장 달려와서 그 필요를 채워주어야 한다. 그래서 자기애성 성격의 사람이 오랜 시간 상담을 받다가 자신의 나르시시즘을 대면하게 되면, 수치심과 죄책감을 느끼기 시작한다. 이 과정은 그들에게 매우 충격적이고 힘든 과정이다. 하지만 이 과정을 지나 성숙으로 가게 되면 다른 사람에 대한 진정한 관심이 생기면서 필요에 의한 관계가 아닌 진정으로 친밀한 관계를 맺을 수 있게 된다.

놀라운 것은, 이타심이 많은 사람 중에서도 병리적인 나르시시즘을 가진 사람이 많다는 것이다. 이런 사람들의 헌신은 타인에 대한 진정한 관심 때문이 아니다. 누군가에게 자신이 중요한 가치가 있는 사람일 때, 누군가에게 영향력 있는 사람일 때만 살아 있다고 느끼기 때문에 타인에게 헌신하는 것이다. 그렇게 살다 보면 자신이나 가족들을 돌볼 에너지가 남아 있지 않다. 그야말로 남들에게는 좋은 사람이지만, 가족들은 나 몰라라 하는 사람으로 자신의 건강이나 돈 관리는 전혀 안 되는 사람이다.

자기애성 성격의 사람들이 그렇게 하고 있는 자신의 무의식을 알아차렸을 때, 그들은 삶 전체가 흔들리는 혼돈을 경험하고, 인생 전체가 구정물처럼 수치스럽게 느껴진다는 표현을 한다.

다른 사람을 위해 봉사하고 희생해서 우리의 이타적 나르시시즘이 충족되는 것은 분명 건강한 것이다. 하지만 자기와 가족을 희생양으로 만들면서까지 균형을 잃게 되면 나중에 정말 소중한 것들을 다 잃게 된다.

이러한 성격의 또 다른 모습은 자기 자신을 완벽한 사람으로 만들기 위해서 열심히 사는 사람이다. 그런 내담자는 상담을 받는 목적 역시 완벽한 인간이 되고 싶어서이다. 그들은 소속된 모임도 많고 여러 스케줄로 바쁘게 살아가지만 진심으로 마음을 나눌 친구가 없다. 내면의 텅 빈 느낌을 모임과 일로 채우려고 하기 때문이다. 예컨대 한 내담자는 오랜 동창을 만난 이야기를 하면서 그 동창에게 자신이 요즘 상담을 받으며 새롭게 알게 된 것들에 대해 두 시간이나 이야기했다는 말을 했다.

"두 시간이나요? 그 친구는 듣고 뭐라고 하던가요?"

"뭐라고 자기 이야기도 조금 하긴 했는데요… 글쎄요, 잘 기억이 안 나네요."

"그 친구, 지난번에 새 직장으로 옮겼다는 친구 맞죠?"

"맞아요. 저보다 선생님이 더 잘 아시네요!"

내담자가 상담을 받으면서 새롭게 알게 된 것을 얼마나 친구에게 나누고 싶었겠는가. 정말 본인 이야기만 두 시간 내내 하느라 친구는 거의 이야기를 못 했다거나 이야기를 했어도 내담자는 전혀 집중하지 못했다면 이 두 사람의 관계는 무엇인가?

이런 내담자가 어느 시기에 가만히 있을 수 있게 되고, 한두 모임이나 사람에게만 집중할 수 있게 되고, 만나는 이들에 대해 관심이 생긴다면 이것은 좋은 신호다. '귀는 닫고 입만 열던' 자기애성 성격을 가진 내담자들이 상담을 통해 자신을 보게 되면서 '귀도 열고 입도 여는 사람'이 되는 것이다.

인생의 마차는 80년 넘게 달려야 한다. 빠르게 달리든 천천히 달리든 언젠가 종착역에 도착할 마차다. 그때 "누가 너더러 그렇게 달리래?"라고 듣지 않으려면 두 바퀴가 균형 있는 크기로 가고 있는지 점검해볼 필요가 있다.

　그렇게 하기 위해서는 나의 나르시시즘과 타인의 나르시시즘을 공평하게 잘 볼 수 있고, 적절하게 채워줄 수 있는 자기애와 타인에 대한 관심이 필요하다. 모든 인간관계를 건강하게 만들어주는 것은 이 두 바퀴의 크기를 동일하게 유지시키는 것이다. 부모니까, 자식이니까, 친구니까, 애인(배우자)이니까 당연히 양보하고 희생해야 한다는 생각은 관계를 병들게 하고, 한 사람의 인생을 병들게 한다. 세상에 당연한 것은 아무것도 없다.

귀는 닫고 입만 여는 것은
공감이 아니다

 가까운 지인의 딸 주은이가 20개월이 되었다. 이제 제법 말귀를 잘 알아들어 심부름시키는 재미가 쏠쏠하다. 주은이는 하루 종일 쉬지 않고 자기만 봐달라고 한다. 엄마 아빠는 한시도 눈을 떼지 않고 자기가 보는 것을 봐야 하고 자기가 만지는 것을 봐야 한다. 엄마가 다른 곳을 보고 있으면 기어이 와서 엄마 얼굴을 자기 쪽으로 돌려서 반응하게 만든다. 그래서 어른이 여러 명이 있으면 당번을 정해서 누구 한 명은 꼭 주은이에게 집중해주어야만 한다.
 어른들이 잠깐 한눈을 판 사이에 주은이가 양손에 책을 쥔 채로 걷다가 넘어졌다. 넘어지자마자 엄마를 본다. 엄마가 자신을 보지 못한 것을 알고는 서럽게 운다.

"에고! 우리 주은이 넘어졌어?"

주은이는 엄마 곁에 오더니 방금 있었던 일을 그대로 재현한다.

양손에 책을 들더니 넘어지는 흉내를 내면서 말이다. 어찌나 웃기던지 나는 웃으면 안 되는 줄 알면서도 웃음을 터뜨렸다.

"아~ 주은이가 책 들고 가다가 꽝! 넘어졌구나. 에고… 우리 주은이 많이 아팠겠네……."

엄마가 모든 상황을 제대로 공감해주고 나서야 울음을 그친다.

20개월밖에 안 된 아이도 완벽한 공감이 뭔지 안다. 이해 없는 공감은 공감이 아니라는 것을 잘 안다.

뛰다가 넘어진 아이들은 제일 먼저 엄마를 쳐다본다. 자기가 넘어진 것을 봤는지 안 봤는지 확인부터 한다. 그리고 엄마의 반응을 본다. 지금 자신에게 벌어진 이 상황이 어떤 상황인지에 대해 엄마의 눈빛과 반응을 통해 해석하는 것이다. 엄마의 눈빛, 어조, 사용하는 언어, 반응의 속도에 따라 상황에 대한 해석은 달라진다. 사람들은 가끔 이런 질문을 한다.

"이보다 더 큰 일을 겪고도 잘 사는 사람이 있는데, 이 사람은 왜 이만한 일에 우울증이니 공황장애니 하며 힘들어하죠?"

사람의 마음과 정신을 뒤흔드는 것은 상황 그 자체보다 상황에 대한 중요한 대상의 반응과 반응을 통한 해석인 경우가 많다.

B양이 초등학생 때의 일이다. B양은 학교 체육시간에 피구를 하다가 공에 맞고는 피가 나서 곧장 엄마에게 전화를 해서 울었다.

"엄마~(엉엉)"

"왜? 무슨 일이야? 왜 울어?"

"체육시간에 피구를 했는데……(엉엉)."

"다쳤어?"

"응, 다쳤는데……."

"엄마야! 어떡해! 어쩌다가? 어디가 다쳤는데? 선생님은? 선생님은 아셔? 넌 왜 하루도 조용할 날이 없냐… 아우~ 속상해! 울지 말고 말해봐! 어떻게 하다 다쳤냐니까?"

"우리 반 남자애가 공을 내 쪽으로 던졌는데……."

"얼굴에 맞았어? 응? 너네 학교는 무슨 놈의 피구를 하냐~ 그래서? 어디에 맞았는데? 피가 어디서 나는데?"

"많이 안 다쳤어~(엉엉)"

"울지 마~ 알았으니까 선생님 바꿔봐. 내가 정말 못 살아.

엄마가 데리러 갈게!"

 무슨 일이 있거나 마음이 힘들 때 절대로 엄마에게는 알리지 않는 이유에 대해 물었을 때 B양이 꺼낸 에피소드다. 그녀의 엄마는 항상 이런 식으로 그녀의 말을 귀담아듣지 않았다. 사실 B양이 엉엉 울었던 이유는 공에 맞은 것이 아파서가 아니었다. B양은 또래에 비해 빨리 브래지어를 입게 된 것 때문에 남자애들에게 놀림을 받았는데, 그날 하필 공이 그녀의 가슴을 정면으로 맞혔던 것이다. 남자아이들은 낄낄거리며 웃기 시작했고 그 모습을 지켜본 여자아이들까지 팔짱을 끼고 구경만 할 뿐 아무것도 하지 않았다. B양은 넘어지면서 손바닥으로 흙을 짚었고 그러다가 손바닥에서 피가 난 것이다. 수치스러워서 일어나지도 못한 채 가슴과 얼굴을 무릎 사이에 감추고 엉엉 울었는데, 반 아이들은 크게 다친 것도 아닌데 유난을 떤다고 한마디씩 더 거들었다.

 그 사건은 그녀에게 꽤 충격적인 사건으로 남아 있다. 왜 그럴까? 어떻게 하면 그 오래된 지난 일로부터 자유로울 수 있을까? 그것은 '공감'이다. 무엇이 힘들었는지에 대해 충분히 들어야 이해할 수 있다. 이해가 되어야 그 사람의 마음이 돼서 거울처럼 비춰줄 수 있다.

 왜 같은 사건에 대해 사람들은 각각 회복되는 힘이나 속도가 다를까? 각기 다른 부모의 반응과 해석을 내면화했기 때문이다. B양의 엄마는 다짜고짜 놀라고 비난하고 탓하고 짜증스러워했다. B양에게 무슨 일이 일어났는지, 무엇 때문에 우는지, B양이 엄마에게 뭘 원하는지에 대해서는 관심이 없어 보인다. 그저 내 아이가 학교에서 다쳤다고 울면서 전화 오는 그 상황에 대한 자신의 감정만 아이에게 쏟아붓고 있던 거다. 울고 있는 아이의 마음을 담아주고 공감해줄 마음의 공간이 엄마에게는 없었다. 오히려 엄마의 감정을 아이에게 쑤셔넣고 있었던 거다.

공감은 있는 그대로 수용해주는 거다.

"나 너무 창피했어!"
"뭘 그런 걸 창피해하니?"

"거기 가는 거 무섭단 말이야."
"그게 왜 무서워? 무서운 거 아니야!"

"이거 맛 없어!"
"이게 얼마나 맛있는데, 뭐가 맛있는지도 모르나 봐."

이런 반응을 지속적으로 받고 자란 아이에게 어떻게 자신의 생각과 감정에 대한 확신이 생기겠는가? 내가 생각하는 게 맞을까? 내가 느끼는 게 이상한 걸까? 확신할 수 없기 때문에 다른 사람을 통해 생각하고 느끼려고 할 수밖에 없다.

대한민국에서 제일 무섭다는 '중2' 여학생과 엄마의 대화다.
집에 들어오자마자 중2 딸이 휴대폰을 소파에 집어 던지며 짜증을 낸다.
"짜증나! 지은이가 오늘도 또 30분이나 늦게 왔는데, 미안하다는 말을 한마디도 안 하는 거 있지!"
"넌 왜 그런 친구밖에 없냐?"
"엄마! 지금 내 말 듣기나 한 거야? 내가 뭐라고 했어?"
"말해~ 듣고 있다니까. 지은이가 30분이나 늦게 왔다며!"
"근데 거기서 그 말이 왜 나와? 진짜 개짜증나~!"
"저 기지배가 엄마한테 말버릇 좀 봐! 성질이 저 모양이니까 친구가 없지!"
"친구가 없긴 누가 없어!"

거울처럼 비춰준다는 것은 상황을 비춰주는 것이 아니라 마음을 읽어주는 일이다. 사람의 말이나 행동으로 마음을 읽어주는 것은 절대로 쉬운 일이 아니다. 상담일을 하는 나는 그 차이를 잘 안다. 아무것도 하지 않고 상대방의 눈을 보면서 그 이야기를 듣는 순간에도 얼마나 많은 생각들을 동시에 하게 되는지 모른다. 상대방이 정말 하고 싶은 말이 무엇인지, 듣는 나에게 원하는 것이 무엇인지를 정확하게 듣고 이해해주는 것이 마음을 읽어주는 것이고, 이것이 공감이다. 그렇게 하기 위해서는 우선 하는 일을 멈춰야 한다. 휴대폰도 덮어놓고, 고무장갑도 벗어놓아야 한다. 상대방과 시선을 맞추고 앉아야 한다. 그 다음엔 내가 할 말을 미리 생각하지 말아야 한다. 어떻게 대답할지 생각하지 말고, 그 상황 안에 내가 들어가야 한다. 잘 이해가 안 돼서 공감이 안 되면 이해가 될 때까지 듣고 질문을 해야 한다.

가장 중요한 것은 표면에 들리는 언어가 아닌, 그 이면에 있는 진심을 들으려고 해야 한다는 것이다. 겉으로 드러나는 '소리'에만 집중하면 그 소리 안에 담긴 진짜 마음을 들을 수 없다.

해가 질 무렵이었다. 재래시장 골목을 지나는데 앞에 중년 부부가 양손 가득 식재료들을 사서 들고 걸어간다. 남편이 먼저 말을 꺼낸다.

"난 겉절이가 그렇게 좋더라. 식당에 가서 겉절이가 맛있으면 난 싸달라고 해."

아내가 답을 한다.

"겉절이가 금방 되는 줄 알아! 일일이 다듬고, 절여져야 무칠 수 있는 거야. 일하고 와서 언제 그걸 하고 있어."

다시 남편이 대꾸 아닌 대꾸를 한다.

"겉절이는 지금 이맘때 먹으면 딱 맛있어! 들기름 넣고 액젓 조금 넣어서 살짝 무치면, 난 그거 하나하고도 밥 먹겠더라고."

"하는 일도 없으면서 맨날 뭐 먹을지만 궁리하고 있네! 일 마치고 집에 들어가면 빨리 저녁 차려서 먹고 치워야 하는데, 언제 가서 밥 안치고, 겉절이를 하라는 거야!"

듣고 싶은 대로 듣고, 하고 싶은 말만 한다. 강의할 때 사례로 써 먹으면 딱 좋겠다 싶어서 웃음을 참아가며 계속 뒤따라갔다. 부부는 어떻게 저렇게 서로 접촉되지도 않는 대화를 주거니 받거니 계속 할 수 있을까?

"영순네는 집 구했대?"

남편이 갑자기 영순이네 집 이야기로 화제를 바꾼다.

"미친년, 시어머니 안 모시려고 그러는 거야."

"지금 전세 구하기 여간 어려운 게 아닐 텐데……."

"시어머니 잘 모시고 참고 살면 그 집 다 지한테 주지, 누구

주겠어! 괜히 미친년 소리 들어, 그러니까 미친년 소리 듣지? 지금 지가 어디 가서 집을 구하면 그만한 집을 구한다고… 얌전히 살다가 떡이나 볼 것이지."

"보증금은 얼마나 있대?"

아이구… 속이 터져서 더 이상은 못 들어줄 것 같아 그만 뒤돌아 내 갈 길을 갔다. 마음을 읽어주는 게 어려우면 적어도 듣기라도 잘 들으면 좋으련만 귀는 닫고 입만 여는 대화를 하는 사람들이 있다. 공감을 해주기 위해서는 말하기는 더디 하고 깊이 들어야 한다.

『빨강 머리 앤』에도 이런 대화가 있다. 앤이 도시로 여행을 떠난 사이에 앤을 입양해서 키운 마릴라가 어지럼증으로 계단에서 굴러떨어졌다. 늘 대담하고 무뚝뚝한 마릴라가 유난히 겁에 질려 있고 조급해 보인다. 침대에 누워 불안해하는 마릴라를 안심시키기 위해 매튜가 위로의 말을 건넨다.

매튜 : 예전에도 두통은 있었잖아.
마릴라 : 이번엔 달라.
매튜 : 어떻게 달라? 더 심해졌어? 의사 불러줄까?
마릴라 : 예전엔 눈이 멀거나 병에 걸려도 상관없었지만 이

젠 달라. 앤을 생각해야 하니까.

매튜 : 잘 들어. 지금은 좀 아프지만 늘 그랬듯이 나을 거야. 어머니도 아프다고는 하셨지만, 이건 어머니 병과는 달라. 어머니는 우울증이었어.

마릴라 : 난 견디지 못할 거야. 난 앤에게 짐이 되고 싶지 않은데.

매튜는 예전에도 자주 두통을 호소했던 마릴라를 안심시키기 위해 이 말 저 말 해보지만, 마릴라의 두려움은 이전과는 다른 두려움이었다. 예전엔 눈이 멀거나 병이 걸려서 죽게 되어도 상관없었지만, 이젠 자신이 돌봐주어야 할 앤이 있기 때문에 아프면 안 된다. 마릴라가 두려워하는 것은 자신의 건강이 아니었던 것이다. 우울증을 앓다가 죽은 어머니를 돌보느라 자신의 꿈을 포기했던 것처럼 앤도 자기처럼 만들게 되는 것을 두려워한 것이다.

하인즈 코헛은 "인간은 요람에서 무덤에 가기까지 평생에 걸쳐 자기를 거울처럼 비춰줄 대상을 필요로 하고 있고, 그 대상이 없으면 마음의 병을 갖게 된다."고 말했다. 대화를 한다는 것, 다른 사람의 말을 들어주는 것은 극한의 절망적인 상황에서도 빠져나올 수 있게 하는 힘이 있다. 반대로 잘못된 대화는 한 사람을 죽음으로 몰아갈 수도 있다. 우리는 '내 말을 들어줄 사람'을 찾는다. 집 안에, 한 이불 속에, 직장에, 학교에 사람들이 있지만 '내 말을 들어줄 사람'이 없어서 스스로 목숨을 끊기도 한다. 서로에게 이런 공감을 해줄 수 있는 누군가가 곁에 있다면, 그 사람은 살면서 어떤 위험이나 슬픈 상황을 마주하게 되더라도 그들과 함께 그 강을 건널 수 있을 것이다.

내 인생
가장 낭만적인 잠

 2015년 5월. 나는 혼자 그리스 산토리니섬으로 자유여행을 떠났다. 여행 기간 내내 다른 곳은 가지 않고 오직 섬 안에서만 있었다. 스케줄에 맞춰서 빡빡하게 다니는 여행 말고, 한곳에 오래 머무는 쉼을 갖고 싶었다.

 왕복 항공권만 예약하고 아무 준비 없이, 숙소도 예약하지 않고 무작정 떠났다. 무거운 캐리어를 들고 다니기 싫어서 섬의 중심지인 피라에서 조금 떨어진 작은 호텔에 짐을 풀고 내내 그곳에서만 묵기로 했다. 노부부가 운영하는 작은 호텔이었다. 할머니가 직접 만든 쿠키와 케이크, 그릭요거트를 마음껏 맛볼 수 있었는데, 커피와 과일잼도 잊을 수 없는 맛이었다.

 늦게까지 자고 일어나면 테라스 문을 열고 지나가는 사람들을 보며 시원한 공기를 폐 깊은 곳까지 넣는다. 노트와 펜, 휴대폰을 들고 조식을 먹으러 가서 이것저것 접시에 담아 수영장이 보이는 바깥 파라솔 테이블로 간다. 불어를 사용하는 여자애들이 아침부터 물속에서 장난을 치고 젊은 아빠는 아들에게 수영을 가르친다. 혼자 아침을 먹는 동양 여자에겐 아무도 관심이 없는 것이 약간은 서운하지만, 고요한 이 아침이 좋다. 커피 한 모금 입에 적시며 쓴 그리스 커피향을 느낀 다음엔, 주인 할머니가 아침에 구운 달달한 스펀지 케이크를 한 조각 먹는다. 고급스럽고 신선한 버터맛과 세련된 달콤함이 입안 가득하다. 그때 다시 쓴 커피 한 모금을 또 마신다. 아, 행복이 가득 밀려온다.

시간에 쫓길 일도 없다. 모든 것은 내가 결정하는 거니까……. 몇 시까지 조식을 먹을지, 언제 외출을 하고 어디를 갈지도 내가 혼자 결정할 수 있다. 시간과 공간을 모두 내가 점령했다. 하얀 그릭요거트에 과일잼을 넣은 뒤 나머지 배를 채우고 나서 커피 한 잔을 리필해서 입안을 깔끔하게 헹군 것으로 조식은 끝이 난다.

슬슬 올라가서 샤워를 하고 노래를 부르며 화장을 한다. 작은 배낭에 오늘 하루 필요한 것들을 담고 나머지 짐들은 가지런히 정리해두고 호텔을 나섰다. 오른쪽 길? 왼쪽 길? 어떤 선택도 상관없다. 내일이 또 있으니까…….

  왼쪽 길로 걷기 시작했다. 산토리니 길은 어렵지 않다. 오토바이 렌트 가게도 보이고, 작은 약국도 있다. 아직 문을 열지 않은 레스토랑과 카페도 보인다. 그냥 길을 따라 계속 걷는다. 가다가 큰 가게에 들러서 사과 한 개, 물 한 병, 자두 한 개를 사서 배낭에 넣는다. 그리고 다시 외길을 따라 걷기 시작한다. 달리는 차에서 "원더풀!" 하며 손을 흔들어주는 그리스 남자도 있고, "굿 모닝!" 하고 인사해주는 여행자도 보인다.

  왼쪽은 카마리 해변. 앞은 길게 뻗은 끝없이 좁은 길. 오른쪽은 넓게 펼쳐진 포도 농장. 위로 푸른 하늘과 구름 그리고 가끔 지나가는 작은 비행기가 낭만적이다. 간간이 보이는 흰색 벽에 파란 지붕이 있는 집들엔 형형색색의 꽃들이 넝쿨지어 있고, 널어놓은 빨래들이 바람에 나부낀다. 바람을 느끼면서 눈을 감아본다. 노래도 부르고, 감사의 기도도 한다. 가다가 힘들면 그늘에 앉아서 사과 한 개 먹고, 목이 마르면 물을 마시며 걷고 또 걷는다. 돌아오는 길에 아침에 갔던 가게에 들러 갓 구운 사과파이와 소시지, 통조림과 맥주로 저녁 만찬 준비를 한다.

  첫날은 긴 비행 시간으로 피곤했는지 잠을 잘 잤는데, 오히려 하루이틀 지나면서 시차 적응이 더 어려워졌다. 하루는 아무리 애를 써도 잠이 오지 않아 결국 새벽 4시나 돼서 멜라토닌을 먹어보았다. 그래도 아무 소용이 없었다. 뜬눈으로 날밤을 새고 그냥 숙소를 나섰다. 다니다가 졸리면 다시 숙소로 돌아와서 자면 되는 거니까…….

　피라 마을 전망대가 있는 곳까지 갔는데 마을에 도착하자마자 갑자기 잠이 쏟아졌다. 다시 숙소로 돌아가긴 약이 올라 그냥 가던 길을 가는데 어찌나 졸리던지 다리에 힘이 풀려서 도저히 걸을 수가 없었다. 주변에 누울 만한 곳을 찾다가 성당 건물 아래 그늘진 적당한 곳을 찾았다. 여권과 지갑이 들어 있는 배낭을 자물쇠로 굳게 잠그고, 가방을 훔쳐 가지 못하도록 머리에 베고 어깨끈을 손목에 돌돌 말아두었다. 길거리 악사들의 연주 소리를 들으며 지중해 섬에서의 낭만적인 꿀잠을 자기 시작했다. 잠이 든 시간이 10시나 되었을까? 강아지를 안고 다니며 구걸을 하던 남자아이가 내 품에 강아지를 올려놓는 바람에 나는 화들짝 놀라서 깼다. 오후 3시다. 놀라서 벌떡 일어나는 내 모습을 보고 꼬마는 좋다고 웃는다. 하루를 모두 길거리에서 잠들지 않게 해준 고마움에 가지고 있던 동전을 모두 꼬마에게 쥐어주고 상쾌하게 나머지 하루를 보냈다. 평생 잊을 수 없는 잠, 내 인생 최고로 낭만적인 잠이었다.

나는 함께하기 위해 혼자를 택한다. 그리고 '혼자 있기'를 꽤 잘한다. 혼자 있을 때, 특히 혼자 걸을 때 생각이 정리되고 비워지고 채워지는 것이 가장 잘된다. 많은 경험과 지식, 그리고 깨달음들이 소화되지 않은 채 가득 찼다고 느낄 때, 나는 의도적으로 혼자 있으려 한다. 더 경험하고 더 배우고 담기에는 소화불량이 될 것 같을 때 혼자 여행을 떠난다. 직업상 일을 하면서 정신적 활동을 멈추는 것은 불가능하다. 심지어 잠을 자면서도 낮에는 알아차리지 못한 나의 무의식이나 내담자의 무엇이 갑자기 선명하게 보일 때가 있다. 모든 만남에는 상호작용되는 정서가 있고, 주고받는 정서들은 느끼지 못할 정도의 작은 것이라 할지라도 나를 성장하고 변화하게 한다. 나의 분석 과정은 물론이고, 내담자를 통해서도 나의 사고는 확장되고 내가 발견하지 못한 새로운 세계를 발견하기 때문에 뇌는 쉴 수가 없다. 그의 것과 나의 것이 마치 화학반응을 일으킨 것처럼 새로운 무언가를 또 창조해내면서 사실 나는 매일매일 누군가를 통해 거듭난다. 한 사람을 온전히 담으면서 새로운 세상을 발견하고, 절대로 담을 수 없었던 것을 담을 수 있는 그릇으로 커지고 깊어지는 것을 느낄 수 있다. 이 사실이 상담사라는 내 직업이 나에게 주는 큰 선물이다. 혼자 힘든 시간을 보내야만 하는 내담자를 두고 간다는 것이 미안하기도 하지만 더 잘 담아주려면 비우고 와야 한다. 몇 년 동안 만나온 내담자들은 "선생님, 가서 푹 쉬시고 다 비우고 오세요~ 그리고 와서 또 저 담아주셔야지요."라며 이제 제법 나를 담아줄 줄도 안다.

다음 날은 버스를 타고 포카리스웨트 광고를 찍은 이아 마을로 갔다. 그곳에 가면 세계 3대 일몰 포인트가 있어서 해가 질 때까지 기다려야 한다. 그런데 날이 흐려서 멋진 일몰을 보는 것은 실패했다. 그래서 다음 날 나는 다시 그 자리에 갔다. 이번 여행의 시간과 공간의 주인은 나 자신이니까!

이아로 가는 버스는 해변을 끼고 돌아서 내내 눈을 뗄 수가 없다. 해가 지는 웅장하고 아름다운 광경을 보기 위해 사람들은 일찍부터 모여들었고, 악사들도 자리를 잡았다. 아름다운 여인들이 산토리니를 상징하는 푸른색 드레스를 입고 하나둘씩 사진을 찍는다. 나도 길거리 샵에서 파란 원피스를 사 입었다. 처음으로 '산토리니는 혼자 오는 곳이 아니구나……'라는 생각을 했다. 그 아름다움과 경이로운 순간을 함께 공유할 사람이 아무도 없다니……. 말없이 손을 꼭 잡는 노부부, 진한 키스를 하는 연인, 어깨동무를 하거나 서로를 부둥켜안는 친구들……. 지는 해와 붉은 노을도 아름답지만 사랑하는 이들이 함께 있는 모습도 놓칠 수 없는 아름다움이다. 하지만 이번엔 혼자만의 여행으로 선택한 것을 후회하지 않았다. 나로 충만하고 싶었고, 나로 가득 차고 싶었다. 오직 내 마음에만 귀를 기울여주고 싶었고, 오직 나를 위한 선택을 하고 싶었다. 오직 나에게만 가장 좋은 것을 주고 싶었고, 오직 나에게만 물어보고 싶었다.

마음과 생각을 비우기 위해 무작정 혼자 있으라고 권하는 것은 아니다. 혼자 있는 것은 함께하기 위한 것이다. 이 원리를 몰랐을 때에 나의 '혼자 있기'는 '도망'이거나 '숨는 것'이었다. 그야말로 아무도 나를 진정으로 이해해주는 사람이 없다는 좌절 때문에 그들로부터 도망쳐서 나만의 동굴로 숨어버렸던 것이다. 그저 도망쳐서 혼자가 된 것인지 아닌지는 '혼자 있기'를 얼마나 창조적이고 즐겁게 하느냐를 보면 알 수 있다. 비우고 채우기 위한 '혼자 있기'는 우울하고 무기력하지 않다. 조금은 외롭기도 하고 때로 지루할 때도 있지만 그것마저 즐길 수 있다. '함께 있기'를 잘하고 싶다면, 먼저 '혼자 있기'를 해보라고 권하고 싶다.

고통의 터널에 갇혀 있는 사람에게
가장 필요한 것

30대 중반, 크게 우울증을 앓았던 적이 있다. 아무리 잠을 자도 계속 잠이 왔고, 침대가 내 온몸을 끌어당겨서 24시간 물 먹은 하마처럼 몸을 일으켜 세울 수가 없었다. 죽음이 영원히 잠들 수 있는 방법이라면 죽는 것도 괜찮겠다고 생각했다. 긴 한숨을 쉬다가 "다 귀찮아." 혼잣말을 내뱉기만 반복했다. 만사가 귀찮았고, 아무런 희망이 보이지 않았으며, 남아 있는 나의 긴 삶이 끔찍하게 무서웠다. 아무도 만나고 싶지 않아서 누가 찾아오면 집에 아무도 없는 것처럼 하기 위해 아이들의 입을 막기도 했다.

"나가서 바람이라도 쐬든가. 땀나게 운동이라도 해봐!"

'손가락 하나도 까딱하고 싶지 않다고 고개를 흔들어 보일

기운도 없는데 운동 같은 소리 하고 있네.' 눈물은 마른 지 오래였고, 웃어줄 수 없어서 사람을 만나는 게 싫었다. 벽을 보고 누워서 아무 생각도 하지 않고 잠을 자는 것 외에 하고 싶은 것이 아무것도 없었다.

    에너지. 열정. 눈물. 오랫동안 나를 지켜본 지인들이 나에 대해 생각하면 떠오른다는 단어이다. 하지만 그 시간 동안 나는 그 반대의 나락으로 떨어져서 절대로 올라올 수 없는 사람처럼 살았다. 다른 일은 제쳐두더라도 아이들 먹을 것은 챙겨야 하는데, 그것이 제일 곤욕스러운 일이었다. 설거지가 산처럼 쌓여서 젓가락 하나 쓸 것이 없으면 그때서야 겨우 몸을 일으켰다. 젓가락이라도 씻고, 세탁기 버튼이라도 누르려면 박카스 두 병 정도는 한꺼번에 마셔야 가능했다. 캄캄한 밤 아무것도 보이지 않는 바다 한가운데에 나 혼자 떠 있는 것 같아서 희망 없는 하루를 위해 눈을 뜨는 게 싫었다. 아침에 눈을 떠도 내 삶은 깜깜했고 출렁이는 물소리 외에는 아무 소리도 들리지 않았다. 나침판도 없었고, 노도 없었고, 노를 저을 힘도 없었다. 등대도 보이지 않았고, 밤은 끝날 기미가 보이지 않았다. 끝이 보이지 않는 터널에 갇힌 것 같았다. 그래서 아무것도 할 수 있는 게 없었다. 그저 물결을 요람 삼아 잠을 잘 수밖에.

그런데 더 무서운 건, 아무것도 할 수 없는 내가 혼자가 아니라는 거였다. 눈을 뜨는 순간부터 눈을 감을 때에도 내 팔과 다리 사이를 비집고 들어오는 어린 세 자식이 있었다. '제발 아무도 날 건드리지 말아줘.' '제발 나에게 어떤 것도 요구하지 말아줘.' 하지만 엄마 손을 한참 필요로 하는 어린 아이들은 그런 나의 사정을 봐주지 않았다. 아무리 간절히 기다리고 참아봐도 끝이 보이지 않는 이 긴 절망의 터널에서 나는 과연 아이들을 데리고 빠져나갈 수 있을까? 터널 안에서도 내가 할 수 있는 일이 있을까? 끝을 알 수 없는 긴 터널 안에 있는 것은 숨 막히는 일이다. 끝이 희미하게라도 보이면 견딜 만하지만, 끝이 없어 보이는 터널 안에 있는 것은 너무 잔인하다. 살면서 가장 긴 터널을 지나가는 사람에게, 살면서 가장 어두운 시간 속에 갇혀 있는 사람에게, 가장 필요한 것은 무엇일까? 나에게 그건 무엇이었을까?

심리학자 대니얼 고틀립은 『샘에게 보내는 편지』라는 책에서 손자 샘에게 이렇게 말했다.

"내가 어두운 터널에 있을 때, 난 나를 사랑하는 사람과 함께 있게 하고 싶다. 터널 밖에서 어서 나오라고 외치며 출구를 알려주는 사람이 아니라, 기꺼이 내 곁에 다가와 나와 함께 어둠 속에 앉아 있어줄 사람, 우리 모두에겐 그런 사람이 필요하다."

대니얼은 결혼 10주년 선물을 사러 가는 길에 교통사고로 하반신이 마비되었고, 우울증으로 인해 이혼을 하게 되었다. 그 이후 가족을 하나둘씩 하늘나라로 떠나보내며 쉴 새 없는 고통의 터널을 지났다. 그는 휠체어에 앉아서 고통의 터널 속에 있는 사람들에게 위로와 지혜의 따뜻함으로 상담하는 삶을 살았다. 모든 것을 다 잃은 그가 누군가에게 손 내밀 수 있었던 것은 고통의 터널에 있는 사람에게 가장 필요한 것이 무엇인지 알았기 때문이다.

2013년부터 지금까지 놓지 못하는 일이 하나 있다. 한부모 가정의 어머니들이나 장애 아이를 키우는 어머니들과 함께하는 지지 모임이다. 매주 목요일에 그들과 함께하는 시간은 한 번도 양보한 적이 없을 만큼 나에게 중요하다. 이 모임은 그야말로 캄캄한 바다에서, 노도 없고 나침판도 없는 사람들끼리 모여 한배를 타고 파도와 싸우는 모임이다. 파도 하나 넘어서 웃으며 여유를 즐기고 있으면 곧 멀리서 새로운 파도가 다가오는 것이 보인다. 이번엔 또 얼마나 큰 파도가 오려나……. 서로를 바라보고 옆사람의 손을 꽉 잡아주며 우리는 함께 파도도

넘고 추위도 견디고 시간도 견딘다.

"정말 무서운 게 뭔지 아세요? 아침마다 눈을 뜨면 아이의 상태를 살펴봐요. 숨을 쉬고 있는 아이를요. 매일 아침마다 숨을 쉬는 아이를 보면서 절망하고 있는 저 자신이 가장 무서워요. 저 정말 나쁜 엄마죠?"

"아이가 학교에서 돌아오자마자 옷도 안 벗고 이불 속에 들어가서 잠을 자는 것만 봐도 가슴이 찢어질 것 같아요. 정말 그런 게 아니라는 걸 머리로는 알면서도 아이가 마치 '왜 나는 아빠가 없어?'라고 나에게 시위를 하는 것 같아요."

이 말들에 무슨 충고나 해결책을 제시할 수 있겠는가? 우리는 서로 가르치려 하지 않는다. 무슨 말을 하고 있는지 서로 너무 잘 알기에 그저 함께 소리 없이 울 뿐이다.

"이 모임을 하고 간 날은 애들한테 웃으며 이야기할 수 있는 마음의 여유가 조금 생겨요. 그리고 여기서 여러분이 저를 받아준 만큼은 저도 애들을 받아줄 수 있게 되더라고요."

그래. 비록 일주일에 90분밖에 안 되는 시간이지만, 이렇게라도 함께 이 터널을 지나가보자. 이렇게라도 이 파도를 이겨보자.

함께한다는 것에는 위대한 힘이 있다. 앉아 있지 못하던 아이가 처음으로 앉을 수 있을 때 우리는 그 기쁨을 함께 나누며

운다. 함께 화를 내주고, 함께 울어준다. 함께 방법을 찾아도 보고, 축하도 해줄 수 있는 사람이 있다는 것은 어두운 터널 속에서도 빛을 그려볼 수 있는 희망이 된다.

떠나보낼 수
없는 사람

죽은 자의 옷을 입고 죽은 자의 걸음걸이를 흉내 낸다. 떠난 자가 두고 간 것을 버리지 못하고 떠난 자의 말투를 흉내 낸다. 그는 그렇게 떠나보내지 못해서 자기 안에서 떠난 자를 만나려고 한다.

버리고 먼저 간 자에게 모욕감을 주고 남겨진 억울함을 호소한다. 두고 가버린 자의 악행을 고소하고 버려진 원통함으로 이를 간다. 그렇게라도 해서 다른 이들도 떠나간 자를 잊지 못하도록 한다.

먼저 갈 리가 없다고 매일 문안 인사를 한다. 떠난 것이 아니라고 매끼 맛난 것을 함께 나눈다. 혼자 남겨지지 않았다고 매번 떠나간 자에게 의논한다. 다시 돌아올 거라고 문을 잠그지 못한다. 그는 그렇게 떠나보내지 못해서 죽은 자를 산 자의 자리에 불러 앉힌다.

떠난 사람이 처음부터 존재하지 않았던 사람처럼 되는 것이 두려운 듯 남겨진 물건들을 버리지 못하고, 그렇다고 만지지도 못하면서, 그냥 깊숙한 곳에 넣어둔다. 그는 그렇게 자신의 시간을 일시정지시킨다.

이젠 정말 괜찮은데 이젠 정말 다 잊었는데, 그가 기다려주던 그 버스 정류장은 도저히 지나갈 수가 없어 멀리 돌아간다. 그와 함께 들었던 노래는 머리를 아프게 눌러서 자리를 뜨게 만든다.

혼자 남겨진 것이 무서워서인지, 날 두고 먼저 간 것이 서운해서인지, 그렇게 혼자 보낸 것에 대한 미안함 때문인지, 이별의 끈을 놓지 못한다.

사랑하는 이와의 영원한 이별은 이렇게 다양한 방식으로 사람들의 구석구석에 남아 있다. 그들은 애도하지 못하도록 스스로를 방어하며 산다. 하지만 나는 그들의 삶의 흔적 속에서 아직 애도하지 못한 이들에 대한 깊은 슬픔을 본다. 내담자들의 울음 중에 사랑하는 이를 애도하며 흘리는 눈물에는 가장 깊은 울림이 있다. 그 아픔만큼은 감히 어떤 언어로도 쉽게 공감한다고 말할 수 없는 아픔이다.

오랫동안 정리하지 못하고 미루어둔 창고의 무엇들처럼 그들은 애도를 미루고 또 미룬다. 그 슬픔의 덩어리가 너무 커서 열어볼 수 없고, 그립다 못해 화가 나기에 그 큰 화를 마주할 수 없다. 다 털어버리고 행복을 향해 걸음을 옮기는 것이 너무 미안해서도 미룬다.

    지난 설연휴에 엄마한테 사진 한 장을 보여주었다. 나와 오빠가 태어나기 전에 찍은 것으로, 죽은 쌍둥이 언니도 함께 있는 다섯 식구 가족사진이었다. 엄마는 그 시절에 쌍둥이가 나온 모든 사진을 다 버렸는데, 얼마 전 작은어머니께서 언니에게 주신 거였다. 쌍둥이 한 명은 엄마 품에, 한 명은 아빠 품에 안겨 있었다.

    "이 사진은 어디서 났다니?" 엄마는 무심한 듯 질문을 던진다.

    "작은어머니가 주셨대."

    사진을 만지지 않고 한참 바라보신다. 치매 때문에 하루 전날 자식이 왔다 간 것도 기억하지 못하는 엄마가 수십 년 전 사진을 바로 알아보실까?

    "엄마, 둘 중에 누가 그 언니야?"

    "여기 있네. 현각이……."

    1초의 망설임도 없이 손가락으로 엄마 품에 안긴 아기를 가리킨다. 다 잊었다고 했으면서, 하나도 기억 안 난다고 했으면서… 거짓말이었나 보다. 더 가까이 가져가지도 않고, 치우라고 손짓하지도 않고 잠시 엄마의 시간이 멈췄다.

    "그날따라 현각이가 자꾸 불렀어. 마루에 눕혀놓고 부엌에서 일하는데 자꾸 '엄마, 엄마' 하고 불러서 '오늘 가나 보다' 했어. 부르는 소리가 없어서 나와 보니 이미 입술도 파랗고 손톱도 파랗더라. 한번 안아주지도 못하고 보냈어. 어디에 묻었는지 나는 알면 안 된다고 네 아빠하고 사람들이 데리고 어디로 갔는데, 대문 밖에도 못 나가봤어. 우라질 놈. 그래도 지 자식이라고 죽는 날은 와보더라. 현각이는 우는 것도 너무 슬프게 울었어. 나하고 정 떼려고 그랬나 봐……."

"엄마, 현각이 언니 보고 싶어?"

"뭘… 뭘 보고 싶겠냐……. 치워라."

명색이 상담사라면서 엄마의 애도는 돕지 못하겠다. 애도를 해야 온전히 떠나보내는 건데… 애도를 해야 용서하고 용서받는 것일 텐데…….

엄마는 아무것도 하고 싶지 않았을 거다. 자신을 용서하고 싶지 않았을 거고, 용서받아 행복한 새 삶을 살기로 선택하고 싶지도 않았을 거다. 적어도 그 일에 관해서는…….

"우리 엄마 정말 잘 살아냈다……."

엄마의 얼굴을 양손으로 잡아 쓰다듬고, 내 볼을 엄마 볼에 대고 비벼보았다.

'자식을 먼저 떠나보낸 죄인이라도 나는 엄마가 제일 좋아. 그리고 우리 엄마가 세상에서 제일 강한 엄마야!' 엄마는 당신이 용서가 안 되는지, 어둡게 굳은 눈동자로 먼 곳만 응시하며 나의 위로를 거부했다.

사랑하는 이를 떠나보낸 이들은 여러 가지 복잡한 감정을 담고 살아가는 사람들이다. 애도를 한다는 것은, 떠난 자가 없는 세상을 살아갈 수 있는 법을 배우는 것이다. 분노도 그리움도 미안함도 아쉬움도, 모두 너무 커서 다시 꺼내 보거나 언어로 담을 수 없기에 그냥 삼키게 된다. 그 삼킨 감정은 보이지 않는 창살이 되어 남겨진 자의 삶의 일부가 빛을 보지 못하도록 가두게 된다. 세상의 따뜻하고 환한 빛을 온전히 다 받으라고 주위에서 잡아당기기도 하지만, 차마 그럴 염치가 없다. 빛을 보지 못하고 갇혀 있는 이들이 자신의 일부를 드러낼 수 있도록 도와주는 것은 함께 울어주는 마음일 것이다. 진심으로 고통을 함께 나누려는 노력 앞에서야 겨우 애도를 시작할 수 있으리라.

삶에 내몰린 사람이
붙잡을 수 있는 것

 아침에 소소하지만 기대감을 가지고 일어나는 사람이 있고, 눈이 또 떠진 것을 절망하는 사람이 있다. 삶을 열심히 투쟁하며 살아내는 사람들과 투쟁하며 사는 것 자체를 구차하게 여기는 사람이 있다. '이렇게까지 하면서 굳이 살아야 하나?' 할 만큼 고통스러운 하루하루를 겨우 살아내는 이들도 있다. 몸의 통증과 매일 싸워야 하는 이들, 가난과 매일 싸워야 하는 이들, 희망 없는 하루하루를 살아내야 하는 이들에게는 사는 것이 사는 게 아니다. 그들에게는 죽지 못해 사는 삶으로 매일매일 내몰리는 것뿐이다.

 그들은 물어본다.

 "왜 살아야 하죠? 왜 삶을 계속해야 하는 거죠?"

그리고 이렇게 말한다.

"지금까지 살면서 받은 고통으로 충분해서 미래에 다가올 고통까지 받을 자신이 없어요."

······쉽게 대답할 말이 없다.

우리는 사는 것인가? 아니면 삶으로 내몰린 것인가?

얼마 전 영화 〈가버나움〉을 보았다. 열두 살 소년이 자신을 낳은 부모를 '나를 낳은 죄'라는 죄목으로 고소한 실화를 바탕으로 만든 영화였다. 자신의 의지와 상관없이 무책임한 부모를 통해 가난과 학대가 난무하는 세상으로 내몰린 아이가 나온다. 세상에 낳아졌다는 이유만으로 가난과 추악함 속에서 보지 않았으면 하는 세상을 보며 산다.

내담자들 안에서 삶을 살아내기 위해 몸부림쳤던 깊은 흔적들이 보인다. '나라면 저런 환경 속에서 살아남을 수 있었을까? 어떻게 그런 일들을 겪어내고도 저렇게 잘 살아왔을까?' 어떠한 말도 할 수 없을 때가 많다. 그들의 깊은 우울감, 아무것도 할 수 없는 무기력감, 어리석게 보이는 강박적인 사고나 행동들, 상식 밖의 분노나 불안감, 위험스러운 충동들에 대해서 섣불리 충고할 수가 없다. 그저 살아 있어줘서 고맙다는 생각이 들 때도 많다.

도저히 삶을 지탱할 수 없을 것 같은 시간을 지나온 이들이 어느 시점에 상담실에 찾아왔다는 것은 매우 희망적이다. 그것은 '죽지 않으려고' 왔거나 '살기 위해' 왔다는 신호이기 때문이다. 그래서 나는(그 질문을 내 안에 담아둘 때가 더 많지만) 질문한다.

"왜 상담을 받아야겠다고 생각하셨어요?" (왜 살아야겠다고 생각하게 되었어요?)

무엇이 고통에 내몰린 그들에게 삶을 이어가게 하는 동기가 되는가에 대해 물어보는 것이다. 이것은 상담에서 초기에 치료동맹을 맺는 데 중요한 열쇠가 된다. 어떤 이에겐 그 동기가 자녀다. 어떤 이에겐 배우자고, 부모고, 가엾은 자신이다. 결국 삶의 동기는 '사랑'이라는 것이다. 자신에 대한 사랑이든, 누군가를 향한 사랑이든, 사랑이 있으면 우리는 죽음의 길에서 돌아설 수 있다.

나는 상담사로서 그 동기를 단단하게 붙잡는다. 그들이 그것을 붙잡고 나에게 왔기 때문이다.

"아이가 있으니 살아야지요."

"내 아이를 저처럼 만들 수는 없잖아요."

"제가 잘못되면 저희 엄마는 못 사실 거예요."

"이렇게 죽으면 저 자신이 너무 불쌍하단 생각이 들었어요."

여기에 한 가지 분명한 이유를 더 올려놓고 싶어 한다. 바로 나다. 나 때문에 살 수 있게 되길 바란다. 아무도 없다면, 정말 아무도 없다면 나라도 삶의 끈을 붙잡을 이유가 되어주길 바란다.

이런 점에서 정신분석 상담이라고 해서 사실 거창할 것도 없다. 정신의 복잡한 구조를 알기 위해 문헌 연구를 계속하고 많은 비용과 시간을 투자해 수련을 꾸준히 받는 이유는, 결국 그들을 담아낼 수 있는 그릇이 되기 위한 것이다. 그들의 고통을 이해하기 위함이고, 특히나 삶을 멈추고 싶은 그 깊은 외로움과 고통을 온전히 담아내기 위해서 내 그릇을 더 크고 더 단단하게, 그리고 더 정교하게 만들려는 것이다. 내가 잘 아는 요리사의 찬장에는 여러 종류의 소금이 있다. 어떤 소금은 짠맛이 강하고, 어떤 소금은 구수하고, 어떤 소금은 단맛이 강하단다. 각각의 소금은 각각의 맛을 돋보이게 한단다. 그는 점심 장사를 위해 요리를 시작하기 전까지 생수 외에는 그 어떤 것도 입안에 넣지 않았다. 맛을 정확하게 보기 위해서라고 했지만, 그는 좀처럼 간을 잘 보지 않는 사람이다. 맛을 혀로 보지 않고 상상 속에서 보는데, 다른 음식을 먹으면 맛을 상상하는 데 방해가 된다는 것이다. 나에게도 정신분석의 수련은 이런 것이다. 내담자를 만나기 위해 더 섬세한 맛을 가지고 있으려는 것, 그 맛을 알기 위해 나 자신을 더 잘 비워내는 훈련 과정이다.

임상경험이 많아지면 많아질수록 내담자들의 고통을 그야

말로 분석하는 위치가 될 순 없다는 것을 잘 안다. 그저 많은 연구와 임상경험을 통해 한 사람이라도 더 품을 수 있게 되고 고통에 함께 머물 수 있게 되는 것이다. 흔들리지 않는 단단함으로, 정교함으로, 따뜻함과 인내심으로 내담자들과 함께 삶의 투쟁을 해나가는 것이다. 결국 사람에 대한 진심, 사랑이 곧 치유다. 끝까지 사랑하고 매 순간 진정성 있게 대했다면 언젠가는 반드시 그 경험이 내담자를 살릴 것이라는 확신이 있다.

상담이 성공적으로 진행되면 내담자들은 현실적인 기능을 훨씬 잘하게 된다. 미뤄두기만 한 냉장고 청소를 하기도 하고, 취업을 하기도 한다. 이상적인 꿈들을 내려놓고 소소한 관계에 충실하게 되고, 가까이에 있는 사람들의 소중함도 느끼게 된다. 가계부를 쓰기도 하고, 적금 통장을 개설하기도 한다. 운동을 시작하거나 학원에 등록을 하기도 한다. 삶에 대한 욕구가 생긴 것이다. 살기로 마음먹은 것이다. 아무것도 하고 싶지 않은 상태에서 잘 살아내고 싶은 마음이 창조된 것이다. 자신을 사랑하고 주어진 삶을 소중하게 대할 수 있게 된 것이다.

어떻게 이런 일이 일어날 수 있을까?

무엇이 살아갈 용기를 주게 한 것인가?

고통의 순간에 손을 잡아줄 누군가가 있다는 것을 발견했다는 것이 내담자들의 공통적인 고백이다. 그 누군가로부터 사랑과 관심을 받고, 또 주면서 삶의 이유와 용기를 찾아간다.

우리로 하여금 살아갈 힘을 잃게 하는 것도 사람이고, 살아갈 힘을 갖게 하는 것도 사람이다. 다른 이들로부터 받는 사랑이 있다면 더 좋겠지만, 자기 자신을 스스로 아끼고 사랑할 수만 있어도 살아낼 수 있다.

우리는 자신을 아끼고 사랑할 수 있는 사람이 되어야 한다. 자신을 위해 최선의 선택을 하고, 자신을 잘 돌볼 수 있어야 한다. 그렇다면 그 사람은 '삶으로 내몰린 사람'이 아니라, 그 순간부터 '삶의 기회를 얻은 사람'이 될 것이다.

3
상상이 힘이 된다

마음이 건강하고
회복 탄력성이 높은 사람은
자신만의 놀이터를 갖고 있다.
자신에게 필요한 것이
무엇인지 알아차릴
능력이 있고,
자신의 놀이터에서
잘 놀 수도 쉴 수도 있다.

텅 빈 골목을 떠나
나의 놀이터로

사람에게는 스스로 감당할 수 없는 현실에서 견디고 살아내기 위해 나름의 방법을 찾아낼 줄 아는 영특함이 있다. 피할 수 없는 상황에서 내가 할 수 있는 것이 아무것도 없을 때 나는 '그곳에 있지만 그곳에 없는 사람'이 되는 방법을 잘 알고 있다. 나에게 그것은 '상상놀이'였다.

어린 시절 나는 집을 싫어했다. 집보다는 차라리 동네 골목이나 학교 운동장이 더 편안했다. 그러니 좀처럼 집에 잘 있지 않으려고 했을 것이다. 평소에는 대문만 나가면 동네 친구들이 누구라도 있었는데, 방학 때엔 친척집에 간다, 손님이 왔다 하며 골목이 텅 빌 때가 종종 있었다. 나는 유난히 텅 빈 골목을 싫어한다. 싫어하는 정도가 아니라 왁자지껄 시끄러워야 할 골목이 고요하게 있으면 두렵기까지 했다. 집에 있기도 싫고, 딱히 놀 수 있는 친구도 없을 때면 나는 차라리 학교 운동장을 찾아가 그곳에서 혼자 놀이를 하곤 했다.

아침을 먹자마자 엄마가 심부름을 시키기 전에 몰래 빠져나와 아무도 없는 학교 운동장으로 간다. 앙상한 나무와 꽁꽁 언 운동장 바닥. 작은 연못마저 물을 다 빼서 바닥에 남은 물기가 얇은 얼음판이 되어 있을 뿐이다. 교문을 들어서는 순간 상상의 세계가 열린다.

> 베르사유 궁전으로 들어가는 문은 내 키의 네 배 정도 되는 높은 문이고, 끝은 뾰족해서 누구도 문을 뛰어넘어 들어올 수 없다. 하인들이 양쪽에 서서 큰 문을 활짝 열어주면 나의 마차는 안으로 들어간다. '타그닥, 타그닥' 소리를 내는 마차가 한참을 달려야 연못을 지나고 장미꽃밭을 지나서 궁전에 도착한다.
>
> 잘 다듬어진 나무들 사이에 정원사들은 바쁘게 일을 하면서 깍듯하게 인사를 건넨다. 나도 가볍게 미소를 지으며 답례를 한다. 마차 밖으로 얼굴을 내밀어 새들이 지저귀는 소리와 다람쥐가 나뭇잎 사이를 뛰어다니는 소리에 더 귀를 기울여본다. 저절로 눈은 감아지고, 입꼬리는 올라간다. 비록 나이가 들어서 허리가 약간 굽긴 했지만 여전히 잘

생기고 친절한 집사가 제일 먼저 달려 나와 마차의 문을 열어준다. 한 손은 할아버지 집사의 따뜻한 손을 의지하고 다른 손으로는 드레스를 살짝 들어 올려 한 발 한 발 조신하게 마차에서 내려온다.

"난 좀 피곤해요… 파티가 아직 한참인데 나만 살짝 빠져나온 거예요. 저녁은 내 방에서 먹고 싶은데, 많이는 말고요! 따뜻한 차와 당근 케이크 한 조각, 그리고 잘 익은 사과 한 조각이면 충분해요."

"네, 아가씨. 준비하라고 하겠습니다."

뒤이어 푸근한 동보 유모가 나를 맞이하러 나왔다.

"아가씨, 이제 오세요?"

"나 좀 피곤해요~ 드레스를 너무 조였는지 허리도 아프고, 다리도 부은 것 같아."

이상하게 유모 얼굴만 보면 아프다고 징징거리게 된다.

"네~ 아가씨, 목욕물 받아놨어요. 따뜻한 물에 몸을 푹 담그시면 몸이 좀 풀리실 거예요."

"고마워요, 유모."

욕조가 있는 방은 내 침대방 바로 옆이다. 비스듬한 창문으로 햇살이 비치고 새들이 목욕하는 나를 훔쳐보러 창가에 모여든다. 작년에 정원사 피터가 나를 위해 특별히 만들어준 편백나무로 만든 욕조에서 김이 모락모락 피어오른다. 센스 있는 유모가 목욕물 안에 뭘 넣었는지 약간 분홍빛도 나고 좋은 향도 난다.

'아~ 따뜻해……. 난 우리 집이 제일 좋아.'

물에서 장미 향기가 은은하게 온몸에 스며든다.

"아, 장미를 우렸구나!"

"네, 지난번에 말려놓은 장미를 사용했어요."

"음~ 좋은데!"

"아가씨가 좋아하시니 저도 좋네요."

내 침대방은 크지 않다. 나는 침대방에 다른 것을 두는 걸 아주 싫어한다. 옷은 옷방에, 책은 아래층 서재에, 모자와 구두 들은 서재 옆 작은 방에 두어야 한다. 침대방에는 오직 침대와 작은 나무 책상, 그리고 책상 안에 쏙 밀어넣을 수 있는 의자만 있으면 된다. 책상 위엔 늘 읽는 한 권의 책과 작은 스탠드 하나를 올려놓으면 꽉 찬다. 아, 침대 옆에 낮은 테이블도 필요하다. 그 테이블에 맛있는 쿠키와 예쁜 병에 든 우유를 항상 올려놓아야 하니까…….

침대에서 나의 소소한 저녁 식사를 마치고 나서 창밖을 내다본다. 오늘따라 별들이 모래알처럼 많고, 다이아몬드처럼 빛난다. 창문을 양쪽으로 활짝 열어서 깊은 숨을 들이마신다.

'오늘도 참 행복한 하루였어.'

음~ 꽃 냄새, 별 냄새, 밤 냄새……. 시원한 냄새가 가슴 깊이 들어온다.

"아가씨, 감기 들어요. 이제 창문 닫으셔야지요."

"조금만 더 이렇게 있을래~ 춥지 않아."

기분 좋은 상상의 나래를 펼치고 있는데, 갑자기 저 멀리서 들려오는 소리.

"야, 윤설! 너 이제 엄마한테 죽었어! 엄마가 얼마나 찾아다닌 줄 알아? 아침 일찍 나간 애가 하루 종일 안 들어온다고 엄마 엄청 화났다. 각오해!"
"어? 오빠… 엄마 화 많이 났어?"
"아무도 없는데 혼자 뭐 하냐, 여기서?"
"엄마가 뭐래? 정말 나 혼낸다고 했어?"
잔뜩 겁에 질린 채 오빠 뒤를 쫄래쫄래 따라 집으로 갔다. 현실은 춥고 배가 고팠다. 그도 그럴 것이 해가 지는 줄도 모르고 놀았던 거다. 나의 베르사유 궁전을 뚫고 들어온 현실은 너무 냉혹했다. 콧물이 줄줄 나온다. 엄마한테 혼날 생각을 하니 집에 도착하기도 전에 눈물도 줄줄 나온다.

돌아온 현실의 집 대문을 열면 마당 한가운데 오래된 펌프와 여기저기 나뒹굴어져 있는 세숫대야들이 있다. 집에 들어서자마자 얼굴도 보지 않고 부엌에서 고함치는 엄마의 목소리가 나를 맞이한다.

"하루 종일 밥도 안 먹고 어딜 싸돌아다니다가 이제야 기어들어 와! 방학 때면 집에서 엄마 심부름도 좀 하고 얌전히 앉아 공부할 생각은 안 하고 하루 종일 쏘다닐 궁리만 하고……."

"……."

"어딜 그냥 기어들어 가! 그 꼴을 해가지고 방에 그냥 들어 갈라고? 손부터 얼른 깨끗이 씻어!"

엄마 눈치를 보며 바가지를 들고 부엌으로 갔다. 발까지 씻으려면 뜨거운 물이 세 바가지는 필요하지만 그럴 입장이 아니다. 대충 한 바가지 겨우 떠서 혹시 한 방울이라도 흘려 남은 욕을 얻어 먹을까 봐 조심스레 마당으로 가지고 나왔다. 세숫대야에 들고 온 뜨거운 물 한 바가지를 붓고 펌프질 한 번 하니 어느새 물은 다 식어버렸다. 방 안엔 동그란 양은 밥상 위에 먹다 남은 김장 무김치와 어묵을 넣어 끓인 김치찌개가 배고픈 나를 기다리고 있다. '푸~ 난 오늘 따뜻한 차랑 케이크 먹고 싶었는데……'

우리 집엔 따뜻한 물이 나오는 욕조도 없고, 내 방도 없다. 내 침대도 없고, 내 책상도 없다.

현실엔 내가 갖고 싶은 것이 하나도 없다!

나는 그렇게 집과 골목을 지나 텅 빈 운동장에서 상상으로 나를 보상하고 돌봐주었다. 아이들은 상상과 놀이를 통해 자신을 치유한다. 놀이를 할 수 없는 환경은 그래서 아이들에게 참 나쁜 환경이다. 그래서 놀이치료가 있는 것이다. 대기실에서 기다리는 보호자는 아이의 잘못된 행동을 고쳐주는 특별한 무언가를 해주길 원할 수도 있지만 실제 아이들은 상담사와 이렇게 논다.

놀이치료실은 나의 운동장처럼 아이들에게 상상의 세계다. 그 안에서 아이들은 스스로 상처를 치유하고, 결핍을 채우며, 자신을 위로하고 보상한다. 선생님 놀이, 엄마 놀이, 아빠 놀이, 장사 놀이, 소꿉놀이, 전쟁놀이, 인형 옷 입히기 놀이, 땅따먹기 놀이, 얼음땡 놀이, 우리 집에 왜 왔니 놀이……. 이런 놀이들 속에는 아이들의 강렬한 소망이 담겨져 있다. 일곱 살 된 아이가 젖병을 빨며 아기 놀이를 하고, 등에 인형을 업고 엄마 놀이를 한다. 막대기를 들고 상담 선생님을 호되게 야단치기도 하고, 책상 밑에 들어가 숨기도 한다. 상담사는 그 놀이와 아이가 사용하는 언어, 그리고 표정과 몸짓을 읽어나가며 아이의 내면세계 속으로 들어가 함께 놀고 함께 느낀다. 그렇게 아이의 상처와 결핍을 담아낸다. 비록 상담실 밖에는 냉혹한 현실이 있지만 놀랍게도 아이들은 그 간극을 잘 극복해낸다. 그러고는 다음을 기대하며 현실에서의 결핍과 박탈감을 주머니 속에 잘 넣어두었다가 상담실로 들어와 몽땅 쏟아놓는다. 그런 다음엔 상담실 안에서의 그 좋은 경험과 기억들을 다시 빈 주머니에 채워 넣는다. 초기에는 이 판타지 세계 밖으로 나가고 싶지 않아서 조금 더 상담실에 머물려고 떼를 쓰기도 하지만, 시간이 지나면서 아이는 자신이 돌아갈 시간을 나보다 더 잘 알고 조절한다.

"오늘은 카페 놀이를 할 거예요~" 45분이라는 한계를 잘 알고 있기에 분주하다. 45분이라는 시간과 공간 안에 자신이 충분히 담겨야만 한다. "그것도 하나 제대로 못해요! 이래서 내가 말을 안 할 수가 없다니까!" 말귀를 못 알아먹는다고 나를 꾸짖기도 하고, "그거 그냥 가만히 놔둬요~"라고 주도권을 뺏기지 않기 위해 투쟁하기도 한다. 그렇게 그 아이는 한 주 동안 현실에서 웅크렸던 수치심과 분노를 담아달라고 요청한다.

인간에게는 스스로를 치유할 수 있는 놀라운 힘이 있다. 그 능력은 꿈과 놀이, 그리고 상상력이다. 상담사는 내담자들이 스스로를 치유할 수 있는 놀이터를 제공해주는 사람이다. 이 놀이터는 안전하고 수용적이어야 한다. 평가하거나 비난하지 않아야 한다. 지시하거나 조종하지도 말아야 한다. 마음껏 상상하고 마음껏 표현하고 느끼는 것이 가능하도록, 현실도 아니고 완전한 판타지도 아닌 (한계가 있는) 제3의 장이 되는 곳이 상담실이다.

마음이 건강하고 회복 탄력성이 높은 사람은 자신만의 놀이터를 갖고 있다. 자신에게 필요한 것이 무엇인지 알아차릴 능력이 있고, 자신의 놀이터에서 잘 놀 수도 잘 쉴 수도 있다. 한번 스스로에게 물어보라. 나에게는 나만의 놀이터가 있는가? 바로 대답이 잘 나온다면 당신은 어려움 속에서도 잘 극복할 수 있는 사람이다. 하지만 대답이 잘 생각나지 않는다면, 지금도 늦지 않았다. 스스로를 위한 놀이터를 마련하길 바란다.

누구에게나 비밀 상자가 있다

 초록색으로 신호등이 바뀌었는데도 바뀐 신호등만 멍하니 바라보고 있는 아이가 있다. 수아는 자주 그런다. 수아 집에서 학교까지는 초등학교 3학년 아이의 걸음으로 가긴 조금 멀지만 그렇다고 버스를 타고 가기도 애매하다. 그래서 수아는 3년째 걸어서 학교에 가고 있다.
 "어제 너무 추웠는데 학교 갈 때 괜찮았니?"
 "모르겠는데요."
 "그래? 어제 바람이 어찌나 세게 불던지 선생님은 발이 얼어버릴 것 같던데."
 "괜찮았어요."
 "……."

"전 학교가 더 멀리 있었으면 좋겠어요."

"그래?"

"그래서 어쩔 땐 곧장 가지 않고 빙빙 두 번은 더 돌아서 가요."

(입가에 미소가 보인다.)

"학교 가기 싫어서 그런 거야?"

"아니요! 상상이 끝나지 않아서요. 학교에 들어가면 더 이상 상상을 할 수 없거든요."

"그렇구나~ 어떤 상상을 하는데?"

"이상한 나라의 앨리스 아세요?"

"그럼 알지~"

"1학년 때까지 엄마가 학교까지 데려다주다가 동생이 태어나면서부터 혼자 가보라고 했어요. 엄마가 길을 잘 알려줬는데도 혼자 가는 길이 너무 무서웠어요. 아파트 입구에서 베란다에 서 있는 엄마를 올려다보며 손을 흔들고, 뒤돌아서 걸으려고 하는데 자꾸 눈물이 나는 거예요. 손으로 눈물을 닦는 걸 보면 엄마가 속상해할까 봐 울면서도 씩씩하게 걸어갔어요. 친구들이 볼까 봐 빨리 눈물이 멈췄으면 좋겠는데 멈춰지지가 않는 거예요. 그래서 좋은 생각을 해냈어요!"

"좋은 생각?"

"내 비밀 상자를 여는 거예요."
"비밀 상자?"

수아에게는 비밀 상자가 있다. 그 안에는 엄마가 읽어준 수많은 그림 동화들이 들어 있다. 수아는 집에 아무도 없이 혼자 남아 엄마랑 아빠를 기다릴 때, 가족 모두가 잠들었는데 아무리 잠을 자려고 해도 잠이 오지 않을 때, 그리고 가끔은 수업시간에도 그 비밀 상자를 열어서 동화를 꺼내 상상놀이를 한다. 그렇게 하면 시간도 금방 가고 심심함도 무서움도 이길 수 있다. 수아는 홀로 가야 하는 첫 등굣길, 눈물을 멈추고 씩씩하게 긴 길을 걸어가야 하는 그 순간에 비밀 상자를 사용한 거다.

"우리 아파트에서 차가 세워진 곳까지 나오면 선이 있어요. (주차선을 말하는 것 같다.) 그 선을 넘으면 거기부터는 토끼굴이에요. 그래서 그 선을 넘을 땐 몸을 숙이고 지나가야 해요. 선을 넘기 전에 다른 애들이 나를 보고 있는지 꼭 확인부터 하고요! 몸을 숙이고 토끼굴로 들어가면 그때부터 내 몸은 작아져요. 환상의 세계가 펼쳐지는 거죠!"

나는 수아의 판타지 세계 속으로 들어가면서 수아의 앞날에 대한 걱정이 조금 내려놔졌다. 다섯 살에 적잖은 트라우마를 겪은 뒤 유난히 말이 없고 또래들과 어울리지 못하는 것 때문에 의뢰되어 온 아이였다. 잘 극복하고 건강하게 자랄 수 있을지 걱정되었는데, 수아가 두렵고 외로운 순간에 비밀 상자를 상상 속에 만들어낼 수 있고, 그 속에 있는 인물들을 필요에 따라 꺼내 사용할 수 있는 능력이 있는 아이라는 것을 본 것이다. 게다가 수아는 필요할 때만 꺼내 사용하고 학교에 들어가서는 다시 그들을 비밀 상자 안에 넣어둔다. 이상하게 들릴지 모르겠지만 잘 생각해보면 건강한 성인들에게도 모두 자신만의 비밀 상자가 있다. 비밀 상자를 만들어내지 못하는 사람, 필요할 때마다 그 비밀 상자 안에서 내가 원하는 것들을 소환해 사용할 능력이 없는 사람, 혹은 비밀 상자와 현실의 경계가 허물어져서 현실과 판타지를 구분하지 못하고 상자 안에 갇혀 사는 사람이 정신증 환자가 되는 것이다. 수아에게 이런 능력이 있다는 것은 희망의 시그널이다.

나에게도 비밀 상자가 있다. 아주 어릴 때도 있었고, 지금도 물론 있고, 죽는 순간까지 난 이 비밀 상자 안에 있는 것들을 필요할 때마다 꺼내 사용할 생각이다.

엄마가 직장을 다니면서부터 학교를 마치고 나면 아무도 없는 집에 들어가야 했다. 다른 가족은 밤 10시나 되어야 하나둘씩 들어왔고, 그때까지 난 혼자서 시간을 보냈다. 더구나 1등으로 집에 들어오는 이에게는 주어진 미션이 있었다. 전쟁터를 방불케 하는 집을 치우고 내일을 준비하는 일이었다. 아침 일찍 몸만 빠져나가느라 그대로 두고 간 이불을 한쪽에 개서 쌓아놓고, 방마다 비질을 하고 걸레를 적셔 물걸레질도 한다. 그다음은 마당에 널려 있는 여섯 식구의 빨래를 걷어서 개켜 옷장에 넣는다. 아침 먹고 도시락을 싸느라 산더미처럼 쌓여 있는 설거지를 하면서 동시에 가스레인지 위에 보리차를 끓일 주전자도 올려놓아야 한다. 2년째 매일 반복되는 이 미션 때문에 하루 중 가장 싫은 때가 집으로 돌아오는 길이었던 것 같다.

허기진 배로 들어오자마자 냉장고부터 열어본다. 열어봐야 뭐 특별한 것도 없는 냉장고. 김치와 네모난 오뚜기 마가린을 꺼낸다. 프라이팬에 마가린 한 숟가락을 듬뿍 퍼 올리고 가스불을 켰다. 자글자글 기름이 끓으면 찬밥 한 덩어리를 넣어 주걱으로 잘 편다. 밥이 어느 정도 볶아지면 꾹꾹 눌러 펴야 노릇하고 바삭하게 돼서 맛있다. 그 위에 깨소금을 솔솔 뿌려서 두꺼운 전화번호부를 밥상 위에 턱 하니 올려놓고 프라이팬째로 그 위에 올려놓는다. 그리고 김치가 담긴 반찬통 뚜껑을 열어놓고 시원한 보리차 한 잔 가져다 놓으면 식사 준비는 끝. 자, 이제 준비가 다 되었으니 나의 비밀 상자를 열어도 된다.

오늘도 관객들이 가득하다. 무대는 어느 부잣집 툇마루다. 오랫동안 밥을 먹지 못한 거지에게 부잣집 인심 좋은 아주머니가 고봉으로 담은 꽁보리밥에 신 김치 한 접시, 그리고 냉수 한 사발이 올려진 작은 밥상을 내어준다.

"아이고… 몰골이 말이 아니구만… 도대체 며칠을 굶은 게요?"

"감사합니다. 감사합니다."

연신 고개 숙여 절을 한다. 비록 툇마루에 쪼그리고 앉아서 먹는 꽁보리밥이지만 얼마 만에 먹어보는 따뜻한 밥인가! 한 손으로는 한 숟갈 가득 밥을 떠서 양 볼이 미어터지도록 입에 넣고, 한 손으로는 김치를 집어 게걸스럽게 우걱우걱 씹어 삼킨다. 엄지와 검지에 묻어 있는 시뻘건 김치 국물을 쪽쪽 빨아 먹는 것도 잊지 말아야 한다. 급하게 한 그릇을 다 비우고 김치 종지에 남은 김치 국물까지 싹싹 비운 다음에는 사발에 담긴 시원한 냉수도 벌컥벌컥 마시며 입안을 헹군다. 사발을 밥상 위에 '탁' 내려놓고 밥상을 밀어놓는다.

'컷!' 오늘은 여기까지! 이러다가 빨래가 이슬에 젖으면 엄마한테 또 혼난다.

어둑해지는 저녁에 혼자 먹는 초라한 밥상처럼 깨작거리며 먹어선 안 된다. 그 외로움과 서러움을 느끼게 해선 안 된다. 이왕이면 가장 맛있고, 가장 신나게 먹어야 한다. 내가 먹은 밥이

마가린 볶음밥인지, 꽁보리밥에 신 김치인지 모르겠지만 아무튼 순식간에 저녁을 해결했다.

나는 그때 어두운 빈집에 들어가는 게 싫었다. 아무도 반겨주지 않는 집, 깨끗하게 정리되어 있지 않은 어수선한 집, 쉴 수 없는 집에 들어가기 싫었다. 혼자 먹는 밥은 더더욱 싫었다. 그렇게 연기를 하듯이 밥을 먹으며 보이지 않는 관객이라도 나를 봐주길 원했다.

비밀 상자에서 얼마 전 본 사극의 한 장면을 꺼내 두 인물과 관객을 소환해내는 순간 나는 혼자가 아니었다. 매일 혼자 먹는 저녁 밥상에서 자기연민에 빠지지 않을 수 있는 나만의 식사 방법. 나는 요즘도 가끔 버터가 아닌 오뚜기 마가린을 사다가 마가린 볶음밥을 해 먹는데, 그때 먹은 '거지 밥맛'은 찾지 못한다.

이 비밀 상자가 내 안에서 사라지지 않게 하기 위해 특별하게 하는 것이 있다. 바로 '혼자 걷기'다. 요즘은 두 살 아이부터 팔십 노인까지 손에서 스마트폰을 놓지 않는다. 이제 더 이상 비밀 상자를 만들어낼 이유도 없고 만들 능력도 없어졌다. 지하철이 들어오기를 기다리는 2분도, 주문한 음식이 나오기를 기다리는 10분도 스마트폰만 우리 손에 있으면 된다. 모든 것은 눈으로 볼 수 있고, 귀로 들을 수 있고, 심지어 친절한 자막 때문에 귀로 들리지 않는 것을 상상할 기회도 주어지지 않는다. 혼자 있을 이유가 없다. 스마트폰 안에 수많은 사람들과 언제 어디서나 즉각적인 소통이 가능하기 때문이다. 스마트폰이 눈앞에서 사라지면 엄마의 손을 놓친 아이처럼 불안해한다. 현대인은 점점 혼자 있을 수 있는 능력, 혼자 놀 수 있는 능력을 상실하고 있다. 혼자 있을 수 있는 능력과 혼자 놀 수 있는 능력은 우리를 병들게 만드는 결핍과 박탈을 스스로 치유할 수 있는 능력과도 같다. 거지에게 따뜻한 밥상을 내민 인자한 부잣집 마님은 그 시절 나에게 가장 결핍된 대상이었다. 따뜻한 밥을 해놓고 나를 맞이하는 엄마가 없던 빈집에 들어갈 때마다 마님을 꺼내 나의 결핍을 채울 수 있는 능력이 나의 정신을 피폐하지 않게 지탱해주었던 것이다.

스마트폰은 이제 우리 일상에서 떼려야 뗄 수 없는 물건이 되어버렸으니, 아이들의 손에 든 스마트폰을 무조건 뺏으려고만 하지 말고, 아이들에게 비밀 상자를 사용할 수 있는 능력을 가르쳐주는 게 어떨까. 그것이 바로 상상력과 놀이의 능력일 것이다. 잘 노는 아이, 놀거리를 끊임없이 찾아낼 수 있는 아이는 마음이 건강하고 자기가 좋아하는 것을 찾아 꿈도 명확하다. 그런 아이에게 '맨날 어떻게 하면 놀 궁리만 하는 녀석' '쓸데없는 생각만 하는 한심한 놈' '멍하니 생각이 없는 바보 같은 것' '온통 머릿속에 엉뚱한 생각으로 가득 찬 녀석'이라고 핀잔을 주는 것은 아이들의 상상력과 창의력, 그리고 자존감마저 잃어버리게 만들 것이다.

신데렐라
엄마 놀이

거지 밥을 다 먹고 나면 이제 산더미처럼 쌓여 있는 설거지가 나를 기다리고 있다. 매일 반복되는 똑같은 일들. 자! 이젠 '신데렐라 엄마'가 되어야 한다. 신데렐라 엄마는 예쁜 옷에 예쁜 앞치마를 한 예쁜 엄마다. 짜증내지 않고, 부드럽게 말을 하고, 노래를 부르며 춤을 추듯 사뿐사뿐 집안일을 한다. 신데렐라 엄마에겐 세 명의 어린 아이가 있는데, 한 번도 소리를 지르거나 짜증을 내지 않는 천사 같은 그런 엄마다. 앞치마를 두르는 순간 암담한 집안일들은 동화 속의 한 장면이 된다. 유리 찬장을 열어 앉아 있는 못난이 삼형제 인형까지 소환하면서 동화는 시작된다.

"엄마! 왜 이렇게 늦게 왔어! 배고파! 빨리 밥 줘! 그리고 내 요구르트 누가 먹었는지 없어졌잖아~" 첫째아이 투덜이가 나를 보자마자 불평을 늘어놓기 시작한다.

"그래 그래… 엄마가 얼른 청소하고 밥 줄게~ 우리 투덜이 요구르트는 누가 먹은 거야?"

"엄마, 오늘 미래 발명품 그리기를 했는데, 선생님이 내 그림만 애들한테 보여주면서 칭찬해주셨다!"

둘째 방실이는 언제나 환하게 웃는 얼굴로 예쁜 말을 한다.

"아이고… 그랬어~ 잘했네~ 뭘 그렸는데?"

"길이 전부 에스컬레이터처럼 움직여서 가는 거야. 다리 아픈데 걸어다닐 필요 없이 가만히 서 있기만 해도 학교에 데려다주는 거지. 무거운 짐을 들고 갈 필요도 없고, 차를 탈 필요도 없고."

"이야~ 대단한 생각을 했구나. 어떻게 그런 생각을 했을까?"

자기 차례를 기다렸던 막내 징징이의 염소 울음도 시작됐다.

"옴마~ 선생님이 사회 숙제 내줬는데 어떻게 하는지 모르겠어. 내일까지 해 가야 하는데 엄청 많아. 엄청……."

"걱정하지 마. 엄마랑 저녁 먹고 같이 해보자~ 엄마랑 하면 다 할 수 있어."

못난이 삼형제들 밥 먹이고 씻기고 숙제까지 봐주려면 어서 집안일을 서둘러야 한다. 손이 바쁘다. 동동거리며 집안일을 하면서 동시에 나를 졸졸 따라다니며 쫑알거리는 세 녀석에게 대꾸도 해주어야 해서 입도 바쁘다. 아이들의 쫑알거리는 소리는 마당에 빨래를 걷으러 갈 때도 따라오고, 설거지를 할 때도 멈추지 않는다. 방을 닦으면 등 위에 올라타서 쫑알거리고, 걸레를 빨려고 하면 화장실 문 앞에 쪼그리고 앉아 입을 쉬지 않는다. '아이고, 정말 성가신 녀석들······.'

드디어 집안일을 다 마쳤다. 이제 나도 씻고 잠옷으로 갈아입는다. 하지만 아직 할 일이 남아 있다. 못난이 삼형제를 씻기고 머리도 빗겨줘야 한다. 오늘 하루만 거르면 안 될까? 너무 힘들고 사실 해야 할 숙제도 많은데······. 하지만 못난이 삼형제가 실망하며 훌쩍이는 것을 나는 견뎌낼 수 없다. 무거운 몸을 다시 일으켜서 한 명 한 명을 화장실로 데려가서 따뜻한 물로 머리를 감기고 목욕도 시켜준다. 이 녀석들 입은 그 순간에도 쉬질 않고 계속 쫑알거린다. 뽀얗게 씻긴 아이들을 다시 찬장 안에 넣고서야 현실로 돌아온다.

휴~ 오늘도 이렇게 할 일을 다 마쳤다. 어느새 예쁘고 날씬한 신데렐라 엄마가 와서 우리 집을 다 치워주고 보리차도 끓여주고 빨래도 다 개주었다. 가족들이 하루 일과를 마치고 한 명씩 들어온다. 나는 이제 내 숙제를 할 수 있다.

늦은 시간에 하나둘씩 들어온 가족들은 나의 하루가 어땠는지 물어봐줄 여유가 없다. 마치 아침부터 집이 이렇게 깨끗

했던 것처럼 아무도 내가 해놓은 일들을 알아차리지 못한다. '피~' 나 말고 모두들 각자의 자리에서 그렇게 살고 있다. 내가 했던 일들은 언젠가 언니들도 엄마도 했던 일이니까 그리 특별할 것도 없다. 그래도 눈 한번 맞춰주지. 그랬으면 투정도 부려보고, 자랑도 하고, 징징거리며 고자질도 해봤을 텐데…….

야근까지 하고 늦게 들어온 엄마는 그야말로 언제 터질지 모르는 시한폭탄이었다. 매일 그랬던 것은 아니지만 그래서 더 무서웠다. 하나둘씩 들어온 언니들과 오빠가 꺼내 놓은 빈 도시락으로 다시 설거지통은 한가득이 되었다. 냉장고에 채워놓은 보리차도 어느새 다 마시고 빈 통이 되었다. 그중 어느 하나가 엄마한테 딱 걸리는 날이면 그것이 시한폭탄의 재료가 되는 것이다.

"설이는 학교 갔다가 일찍 집에 오면 보리차부터 냉장고에 넣어놔야 물을 마시지. 이 뜨거운 물을 어떻게 마시라고! 아이고, 저놈의 설거지거리 좀 봐라~ 집에 와도 쉴 수가 없다, 내 팔자는."

'내 팔자도 마찬가지거든!' 소심하게 속으로 궁시렁거리지만, 현실은 어김없이 냉혹하다. 현실의 문이 열리는 순간 날씬하고 부드럽고 예쁜 나의 신데렐라 엄마는 '펑' 하고 연기처럼 사라지고 만다. 그러곤 짜증쟁이, 뚱땡이, 하마 궁둥이 엄마만 있을 뿐이다.

나는 집으로 돌아오는 길에 이 노래를 자주 흥얼거렸다.
"즐거운 곳에서는 날 오라 하여도, 내 쉴 곳은 작은 집 내 집 뿐이리. 내 나라 내 기쁨 길이 쉴 곳도 꽃 피고 새 우는 내 집뿐이리. 오 사랑 나의 집. 즐거운 나의 벗 내 집뿐이리." 이 노래를 부르는 날은 유난히 지친 날이었을 거다.

아무도 없는 집의 문을 열고 싶지 않아서 밖에서 시간을 보내는 사람들, 버스에서 내리면서 친구에게 전화해 잠자리에 들 때까지 통화하는 사람들, 이어폰을 귀에 꽂고 전자파라도 연결되어 있으려는 사람들은 그 따뜻한 집맛을 잃어버린 가엾은 사람들이다.

퇴근하는 종로 거리 빌딩에는 밤 9시가 되어도 환하게 불이 켜 있다. 수많은 회사원들은 저녁을 사 먹고 커피도 한잔 마시고, 삼삼오오 모여서 담배도 한 대씩 피우고 다시 사무실로 들어간다. 은행에 월세를 내고 산 아파트, 수천만 원을 들여 인테리어를 한 멋진 집을 유지하기 위해 부부가 야근을 하느라 식탁에 둘러앉아 밥을 먹은 지 오래다. 텅 빈 집은 로봇 청소기 혼자 여기저기 활보하며 다닌다. 48개월 할부로 산 새 차는 주인이 발에 땀이 나도록 일할 동안 깜깜한 지하주차장에서 대기중이다. 충전소의 인테리어는 훌륭하고 편의시설도 최상이지만 중요한 무언가가 빠져 있는 느낌이다. 집이란 뭘까?

　내담자들에게 상처를 준 곳이 학교나 직장, 사회인 경우도 있지만 상당수의 무대는 집이다. 가장 안전하고 따뜻한 곳이어야 할 집이 차갑고 무섭고 어두운 곳인 사람들. 그들은 매일 집으로 돌아가지만 가족으로부터 소외되어 있다. 집 안에는 편리한 생활용품들로 가득 차 있지만 살을 부비고 눈을 맞춰줄 가족은 없다. 숙제를 점검해주고 준비물을 챙겨주는 관리인은 있지만, 한가로이 누워서 함께 빈둥거려 줄 부모는 없다.

"전 애들이 야자 마치고 집에 빨리 가고 싶어 하는 게 이해가 안 가요. 그 애들은 집이 편한가 봐요. 전 한 번도 집을 편안한 곳이라고 생각해본 적이 없는데……."

"우리 집에 엄마는 없어요. 스케줄 관리인은 있어도."

"집 문 앞에 다 와서 문을 열기 전에 크게 숨을 들이마시는 게 이젠 습관이 된 것 같아요."

　집단상담을 할 때, 가끔 '집' 하면 떠오르는 이미지를 그려보도록 요구한다. 집을 그리는 것이 아니라 '집' 하면 머릿속에 가장 먼저 떠오르는 것을 그림으로 표현하도록 하는 것이다. 상상하는 능력이 턱없이 부족한 사람은 그렇게 말해도 그냥 집을 그린다. 어떤 이미지를 떠올려 그림을 보고 연상되는 것들에 대해 이야기를 나누다 보면 많은 자료들이 쏟아져 나오는 것을 볼 수 있다. '엄마의 미소' '밥상' '푹신한 소파' '아무것도 없는 흰 종이 위에 휘날리는 낙엽 하나' '무거워 보이는 커다란 짐꾸러미' '정리되지 않고 쌓아놓은 짐더미들'…….

어떤 이에게 집은 무거운 짐이다. 어떤 이에게는 냉랭한 부모님의 눈빛이다. 자신을 반겨주는 엄마가 있는 곳이기도 하고, 쉴 수 있는 안식처이기도 한다. 현실의 집을 그대로 표현해놓은 이들도 있고, 마음속에 소원하고 있는 집을 그린 이들도 있다. 집이 엄마고 엄마가 집인 사람도 있고, 집이 자기 마음이고, 마음이 쉴 곳을 찾지 못해 우는 이도 있다. 지치고 긴장된 하루를 보내고 돌아갈 곳이 집이다. 집은 가족이고, 가족은 하루를 견디게 해주는 마음이 되어 우리 안에 장착된다.

신데렐라 놀이를 하던 당시 한참 사춘기였던 나에게 집은 떠올리기조차 싫은 폐허 같았다. 따뜻하지도 않았고 편히 누울 곳도 없었다. 안부를 물어봐주는 가족도, 깨알 자랑을 들어줄 엄마도 없었다. 어쩔 수 없었다는 것을 나도 안다. 늦은 시간 일을 하고 와서 쌓인 설거지거리를 보면 엄마도 사람인데 짜증이 나는 것이 당연하다. 나라면 그냥 바닥에 주저앉아 엉엉 울고

만 싶었을 것 같다. 우리 가족은 당시 모두 다 힘들었다. 아빠로 인해 집을 잃고 반지하 좁은 집에 살고 있었던 터라 그 집을 하루빨리 벗어나려면 막내인 나까지 그렇게 살지 않으면 안 되었을 것이다. 이해하면서도 마음 한구석이 허전한 것은 어쩔 수 없다. 어차피 모두 힘든 거, 그냥 말이라도 서로를 조금만 따뜻하게 보듬어주어도 좋았을 텐데… 비록 설거지가 산더미처럼 쌓여 있고, 냉장고에 먹을 것은 없었어도 그저 말 한마디만 따뜻하게 해줬으면……. '설이가 빨래 다 개서 넣었구나. 고맙다.'라고 한마디만 해주면 그 말이 나에게 집이 되었을 텐데……. 그럼 나도 늦게 퇴근하고 온 엄마에게 달려가 '다녀오셨어요! 엄마 힘들지?'라고 겉옷이라도 받아줬을 텐데…….

집은 충전소가 되어야 한다. 늦은 밤 학생들이 무거운 가방을 메고 터덜터덜 향하는 곳도 집이고 술에 취해 비틀거리는 중년의 남자가 돌아가는 곳도 집이다. 하루 종일 초긴장하던 사회 초년생이 야근하고 허탈한 기분으로 돌아가는 곳도 집이다. 하루 종일 집안일을 하면 돌아올 가족을 기다리게 되는 곳도 집이다. 방전된 몸과 마음을 집이란 충전소에서 밤새 가득 충전하면 다음 날 밖으로 나설 힘이 다시 솟아난다. 어른이 된 나의 충전소에는 샤워할 수 있는 따뜻한 물이 나오고, 편안한 옷도 있다. 씻고 나와 편안한 고무줄 바지로 갈아입은 다음 침대에 대자로 벌렁 누우면 그렇게 좋을 수가 없다.

'오늘도 애썼어.' 내가 내 머리를 쓰다듬는다.

모래 언덕의 토토

 이사하고 처음으로 학교에 가는 날이다. 버스를 타고 학교에 가보는 건 처음 있는 일. 버스를 타고 학교에 간다는 것이 뭔가 어른이 된 것 같아서 설레기도 했지만, 혹시 잘못 타거나 제때 내리지 못할까 봐 걱정이 되기도 했다. 엄마가 버스 정류장에서 집까지 오는 길을 잘 알려주었지만, 반대로 집에서 버스 정류장 가는 길은 알려주지 않았기 때문에 긴장된 마음으로 나는 일찍 집을 나섰다.

 동네도 낯설고, 길도 낯설고, 혼자 버스를 타는 것도 낯설다. 왠지 공기도 다른 것 같고, 동네 냄새도 익숙하지가 않다. 집 앞 골목을 빠져나오니 넓은 공터가 보인다. 어제 엄마가 한 말을 잘 기억해보면, 이 공터를 가로질러 쭉 가다 보면 또다시 골목이 나온다. 그 골목을 빠져나가서는 오른쪽으로 조금만 더 걸어가면 버스 정류장이 나온다.

공터를 거의 빠져나갈 때쯤 오른쪽 운동화 끈이 풀린 것을 보았다. 주변을 살펴보다가 나지막한 모래 언덕을 발견했다. 오래전에 집을 짓기 위해 쌓아놓은 모래가 다져져서 무덤처럼 단단한 언덕이 되었다. 모래 언덕에 누군가 발자국을 하나 깊게 내놓은 것이 눈에 띄었다. 운동화 끈을 매기 위해 나는 그 발자국 위에 나의 오른발을 정확하게 맞춰 올려놓았다.

발에서 찌릿찌릿 전기가 느껴지더니만 '징~' 하면서 모래 언덕이 열린다.

"안녕!"
"누구세요?"
"난, 토토야! 바닷가에서 살다가 이리로 옮겨지고 난 뒤부터 계속 여기서 살고 있어. 나를 깨워준 사람은 네가 처음이야! 정말 고마워!"
"어… 안… 녕! 토토, 내 발이 너를 깨웠다고?"
"그래~ 이곳에 딱 맞는 발을 가진 사람이 없어서 나는 계속 깨어나지 못하고 있었거든. 네 발이 이 문에 꼭 맞아서 내 잠을 깨워준 거야."
"아, 그렇구나……. 난 저기 보이는 저 집 2층에 어제 새로 이사 온 윤설이라고 해. 나는 매일 이 길을 지나갈 거니까 아침마다 너를 깨워줄게."

"와~ 신난다. 꼭 그렇게 해줄 거지? 약속하는 거지?"

"그래~ 약속할게!"

이사 오길 잘했다. 이렇게 특별한 일이 나에게 일어나다니! 이제 이 길은 무섭지도 않고 낯설지도 외롭지도 않은 길이 되었다. 매일 아침마다 "토토야~"라고 부르며 비밀의 문을 열면 토토는 나에게 말을 걸었다. 집으로 돌아오는 길에도 나는 토토를 깨워서 하루에 있었던 일을 이야기하곤 했다. 수업이 끝나고 버스를 타면 빨리 토토의 비밀 문을 열고 싶어 안달이 났다. 버스에서 내리자마자 토토가 있는 곳까지 한걸음에 달려가서 모래 언덕에 발바닥을 얹는다.

비밀의 문이 또 열린다.

"설아, 오늘은 어땠어?"

"버스도 잘 탔고, 내릴 데도 잘 기억하고 있다가 잘 내렸어! 버스 타고 다니는 것도 나쁘지 않네!"

"잘했네~ 학교는 뭘 하는 곳이야?"

"음… 도시락도 먹고… 친구들하고 운동장에서 놀기도 하고… 뭐… 애들이 엄청 많은 곳이야."

공부를 하는 곳이라고 말하면 공부를 잘하는지 물어볼 것 같아서 공부 이야기를 빼고 학교의 정의를 내리느라 애를 먹었다.

"산수 시간에 숙제 안 가지고 가서 뒤에 서서 벌을 섰어. 사실은 안 가지고 간 게 아니라, 안 했거든. 선생님이 내 말을 안 믿는 것 같은데 난 억울해하는 척했다!"

"하하하……."

"토토야, 너는 그 안에서 뭘 했니?"

"나는 네가 깨워주기 전엔 아무것도 할 수 없어. 그래서 네가 오기만 기다렸지."

"그렇구나. 내가 너를 깨워주는 게 좋니?"

"그럼! 나에게 말을 걸어주는 사람은 이 세상에 너뿐인걸."

"내가 매일 잊지 않고 너를 꺼내줄게!"

매일 아침마다 나는 토토를 깨워주었고, 토토는 내가 학교 가는 뒷모습을 봐주었다. 방과 후에도 토토를 부르면 또 토토는 내가 집에 들어갈 때까지 나를 봐주었다. 내가 골목을 벗어날 때까지 모래 언덕 문은 닫히지 않는다. 그래서 나는 토토의 시선을 느끼며 걸을 수 있었다. 그렇게 낯선 동네에서의 적응은 특별한 경험으로 즐거운 일이 되었다. 가끔 늦잠을 자서 지각할 뻔도 했지만, 밤새 나를 기다린 토토를 생각하면 그냥 지나칠 수 없다. 허겁지겁 학교로 가다가 다시 돌아와 발만 살짝 올렸다 떼고는 멈췄던 발걸음을 옮기면서 토토에게 사정 설명을 해주었다.

"토토야, 미안! 오늘은 늦어서 이야기는 못할 것 같아~ 오늘 잘 보내!"

일요일이라 학교를 가지 않는 날에도 토토를 기다리게 할 수는 없다. 아침 일찍 산책하는 척 나와서 토토에게 인사를 하고 돌아왔다. 누가 숨어서 나를 보고 있는 건 아니겠지? 혹시 오빠가 몰래 따라와서 내가 혼잣말을 하고 있는 것을 듣고 있는 건 아니겠지? 만약 나를 봤다면 이상하다고 했을 거야…….

그때가 6학년이었고, 내가 언제까지 토토와 대화를 했는지 잘 기억나지 않는다. 6학년이나 된 아이가 그런 상상놀이를 했다는 것이 창피해서 아무에게도 말하지 못했는데, 카우치에서 그때 그 놀이가 떠올랐다. 그저 감추고 싶은 은밀한 놀이라고 생각했는데, 그 장면을 연상하는 내 눈가에서 눈물이 멈추질 않았다.

이사를 하기 2년 전에 사우디에 가셨던 아빠가 돌아오면서 부모님은 하루가 멀다 하고 싸웠고, 친척들은 부모님이 이혼할지 모른다고 숙덕거렸다. 처음으로 집을 장만했다고 쓸고 닦으며 행복해했던 엄마의 웃음은 잠시뿐이었고, 3년도 채 안 되어 집은 남의 손에 넘어갔다. 가진 돈으로 이사를 가려면 학교에서 많이 떨어진, 곧 개발을 앞둔 주택가뿐이었다. 이사를 하기 전에는 부모님이 싸우는 소리 때문에 우리 사남매는 미간에 '내 천 자'를 새기며 잠들어야 했고, 아침마다 삼킨 울음 때문에 쓰린 가슴을 쓸어내려야만 했다.

혹시 내가 없는 동안 부모님이 이혼을 할지 모른다는 생각에 학교를 마치면 곧장 집으로 달려가서 엄마의 상태를 살폈다. 엄마의 웃음을 본 지 오래되었고, 엄마한테 준비물을 가져가야 한다는 말조차 건네기 힘들었다. 엄마는 언제 터질지 모르는 폭탄 같았고, 집은 언제나 폭풍 전야 같았다. 나는 아무에게도 나의 두려움의 실체에 대해 말하지 못했다. 언니들이나 오빠에게 내가 궁금해하는 것들을 물어볼 수도 없었고, 친구들에게 우리 집의 비밀을 털어놓지도 못했다. 나는 외로웠고 두려웠다.

모래 언덕의 토토……. 판타지에는 인간의 원초적인 소망이 담겨 있다. 특히 아이들의 판타지는 놀라운 힘을 가지고 있다. 아이들로서는 감당할 수 없는 혼란과 두려운 상황에 있을 때, 이루어질 수 없는 간절한 소망이 좌절될 때, 아이들의 정신은 크게 외상을 당하게 된다. 그 외상은 여러 가지 증상을 만들어내고 문제 행동으로 나타나기도 한다. 그 시절 비록 공부는 못했지만 큰 문제 없이 학교 생활을 잘할 수 있었던 것은 모래 언덕 토토가 있었기 때문이다. 엄마의 젖가슴처럼 봉긋하게 올라온 모래 언덕에 매일 오르면서 난 토토의 젖을 만지고 빨며 안정을 유지했다. 낯선 등곳길에 토토는 나를 배웅해주는 엄마가 되었고, 학교에서 돌아와 텅 빈 골목을 지나 집으로 돌아가는 길에도 토토는 나를 마중 나온 엄마가 되어주었다. 모래 언덕 토토는 그렇게 외로웠던 나를 안아주었다.

"토토야, 잘 있니? 너는 그곳에서 또 다른 아이들의 친구가 되어주고 있겠지?"

인형놀이, 소꿉놀이, 엄마 놀이, 선생님 놀이와 같이 어린 시절 역할 놀이는 아이들에게 박탈된 대상에 대한 갈망을 대신해줄 중간 대상(유아가 엄마와 분리될 때 엄마의 존재를 대신하거나 엄마로서 자신을 달래줄 수 있는 무언가를 만들어내는 것으로, 보통 자신의 냄새가 밴 담요나 폭신한 인형 같은 것을 말한다)이 된다. 24시간 항상 함께해줄 수 없고, 원하는 때에 모든 것을 원하는 반응대로 해줄 수 있는 이상적인 대상은 없다. 그 박탈된 작은 외상을 아이들은 이런 역할 놀이를 통해, 원하는 말을 듣고 원하는 관계를 경험하면서, 매일매일 스스로를 치유한다. 세 살 된 큰아들은 여동생이 생기면서부터 코알라 인형을 자기 등에 업혀달라고 하곤 하루 종일 코알라 인형을 등에 대롱대롱 매달고 다녔다. 밥을 먹을 때도, 심지어 잠을 잘 때도 등에 매달린 코알라는 큰아이의 분신이 되어 함께 먹고 함께 잤다. 갓 태어난 동생에게 빼앗긴 자신의 처지를 코알라에게 투사해 스스로 돌보고 안아준 것 같다.

　아이들에게 필요한 것은 특별한 장난감이 아니다. 놀 수 있는 환경이다. 무심코 의자에 걸쳐놓은 엄마의 스카프로 공주놀이를 할 수 있고, 아빠가 식탁에 벗어놓은 넥타이로 사장님 놀이도 할 수 있다. 학교에서 돌아오는 길가에서 주운 긴 나뭇가지로 피터팬 놀이를 할 수 있고, 수업시간 선생님이 던진 단어 하나가 하루 종일 상상의 세계로 들어가는 열쇠가 되기도 한다. 그것을 방해하는 것은 언제나 '쓸데없는 생각' '쓸데없는 짓'이라는 어른들의 판단이다. 위험한 것이 아니라면, 특별히 다른 사람에게 피해를 주는 일이 아니라면, 아이들은 그 상태 그대로 두고 기다려주면 된다.

신림동 골목대장 가출 사건

　잠실로 이사를 오기 전 살던 신림동 골목길에는 추억이 많다. 낮에는 땅따먹기나 얼음땡 놀이를 한다. 저녁이 되면 어두운 골목길 가로등 아래나 여인숙 불빛 아래로 동네 아이들이 모여든다. 저녁에 놀기엔 '우리 집에 왜 왔니 놀이'가 좋다.
　"우리 집에 왜 왔니 왜 왔니 왜 왔니. 꽃 찾으러 왔단다! 왔단다! 왔단다! 무슨 꽃을 찾으러 왔느냐 왔느냐. 설이 꽃을 찾으러 왔단다! 왔단다! 가위, 바위, 보!"
　여자아이들의 노랫소리가 한적한 골목에 울려 퍼진다. 그게 뭐라고, 그 순간에 내 이름을 불러주면 뭐가 된 것처럼 우쭐해지고 내 이름을 안 부르면 금세 시무룩해진다.

가로등 불빛 아래에서 하는 고무줄은 낮에 하는 고무줄놀이보다 아이들의 마음을 더 흥분시켰다. 엄마가 신발 닳는다고 잔소리를 하시니 양말까지 다 벗고 혼을 담아 고무줄을 넘는다. 엄마들은 다 씻겨놨더니 또 나가서 더럽힌다고 야단을 하며 아이들의 손을 억지로 끌고 집으로 들어갔다. 한 명 한 명 사라지면 나는 전봇대에 고무줄을 묶어놓고 남은 혼을 다해 연습을 하고 또 한다. 그렇게 연습한 덕분에 나는 우리 골목에서 고무줄을 제일 잘했고, 아이들은 서로 나를 자기 팀으로 데리고 가려고 해서 차라리 깍두기를 선택하기도 했다. 그렇게 나는 신림동 골목의 주인공이 되어보았다.

폐차도 우리에겐 아주 귀한 장난감이 되었다. 동네에 자가용을 가진 사람도 몇 없었던 시기라 폐차된 자가용은 여러 가지 스토리를 만들어냈다. 남자아이들이 먼저 차지하면 그날은 자동차 놀이를 포기해야만 하기 때문에 아침을 먹자마자 빨리 가서 자동차를 맡아놔야 한다. 화장실도 못 가고 차 문에 손을 대고 택시 놀이를 할 여자아이들을 기다린다. 차에서 손을 떼는 순간 "찜!" 하며 대기를 하고 있던 남자아이가 차를 차지하기 때문이다. 그렇게 되면 동네에 큰 패싸움이 벌어진다. 점심을 먹으라고 부르는 엄마의 소리에도 한꺼번에 자리를 비울 수가 없으니 한 명씩 순번을 정해서 밥을 먹고 와야 한다. 미끄럼틀이나 그네가 있는 놀이터는 너무 멀리 있어서 우리 골목 아이들은 그냥 골목에 있는 것들로 상상의 세계를 만들어야 했다. 다행히도 모든 것은 나에게 무대 소품으로 충분히 가능했다.

취학을 하기 전에 있었던 일이다. 취학 전까지의 아이들은 버스가 공짜라는 사실을 우연히 알게 되었다. 버스 정류장 앞에 서서 '저 재미있는 버스를 하루 종일 공짜로 탈 수 있다니. 멀리 멀리까지 가보았으면 좋겠다. 끝까지 갔다가 돌아오려면 깜깜한 밤이 되려나? 애가 혼자 버스를 타면 나쁜 사람들이 알아차릴까?' 이런 상상을 하곤 했다. 그러던 어느 날, 그날도 역시 엄마는 오빠만 데리고 친척집을 가려고 나섰다. 엄마는 혼자 갈 거라고 했지만 그건 새빨간 거짓말이다. 이미 오빠를 버스 정류장으로 빼돌려놓은 것을 엄마가 가고 한참 뒤에 알아버렸다. 두 사람이 나를 따돌리려고 짠 것이다. 더 이상 이놈의 집구석에 있을 수가 없다. 나 몰래 떠난 두 사람을 기다리는 일은 더 이상 못 해먹겠다. 돌아오면 내가 집이나 지키고 있을 거라고 생각하겠지만 천만의 말씀! 오늘은 정말 나를 속이고 자기들끼리 간 것을 반드시 후회하게 될 것이다!

나는 서랍에서 보라색 보자기를 꺼내 방바닥에 쫙 펼쳤다. 그리고 내 베개와 큰언니가 사준 모자 쓴 플라스틱 인형, 그리고 옷 한 벌을 보자기로 야무지게 쌌다. 착한 작은언니가 그 모습을 보더니 "설아, 어디 가려고 그래?" 묻는다. 대답도 하지 않고 입술을 꼭 다문 채 대문을 나섰다. 언니가 무슨 마음이었는지, 따라 나오더니 50원을 건넨다.

"설아, 이걸로 튀김 사 먹고 들어와~"

'이런 도움은 받고 싶지 않지만 주는 거니까 일단 받는 둔다!'

대답도 안 하고 무심하게 50원을 받아 주머니에 넣고 당당하게 대문 밖으로 걸어나왔다.

'그래! 버스를 타고 가는 거야. 멀리 가는 거야. 어차피 버스비도 공짜니까 난 어디든 갈 수 있어. 아주 멀리 멀리 가자! 집에 못 찾아오면 못 찾아오는 거지 뭐! 이렇게 살 바에야 차라리 길 잃다가 고아원에서 사는 게 낫겠다!'

늘 혼자 타던 버스인 양 자연스럽게 정류장 앞에 섰다.

버스가 왔다.

'사람이 너무 많네. 다음 거 타자.'

또 다른 버스가 왔다.

'빈 자리가 없네. 다음 거 타야지.'

이렇게 한 대 두 대 버스를 보내다 보니 슬슬 가슴이 콩닥콩닥 뛰기 시작한다. 언니가 준 50원 생각이 났다.

'야채튀김 하나만 사 먹고 타자. 가다가 배고프면 안 되니까.'

버스 정류장 옆에 있는 튀김집에 가서 50원을 내밀었다.

"아줌마, 야채튀김 하나 주세요~"

"얘, 아줌마가 요 앞길 건너에 튀김 좀 가져다주고 금방 올 테니까, 여기 서서 가게 좀 보고 있어라~"

아줌마는 내 대답을 듣기도 전에 광주리에 튀김을 잔뜩 담아 머리에 이고 나오더니 횡하니 자리를 떠나버렸다.

'우이씨… 나 얼른 가출해야 하는데……'

"네~"

아줌마가 돌아올 때까지 임무를 완수하기 위해 뚫어져라 튀김만 쳐다보고 서 있었다.

그런데 그때였다.

"끼~~~익!"

택시 한 대가 쌩하고 달려오더니 튀김 광주리를 이고 무단횡단을 하는 아줌마를 치고 말았다. 다행히 아줌마는 크게 다치지 않았는데 광주리에서 떨어진 튀김이 여기저기 흩어졌고 경찰차의 사이렌 소리가 요란하게 울려 퍼졌다. 사람들이 웅성거리며 모여들었지만, 나는 튀김을 지켜야 했기 때문에 가까이

가보지도 못하고 멀리 서서 그 모습을 지켜봐야 했다. 동네 친구들이 다 구경을 나왔다. 우리 골목에 사는 아줌마들, 할머니들, 구둣방 아저씨, 복덕방 할아버지도 나왔다. 택시가 브레이크를 밟는 소리가 꽤 컸나 보다. 하나둘 모여든 친구들과 동네 어르신들은 튀김집 앞에 서 있는 나에게 사건에 대해 물어왔고, 나는 내가 튀김을 달라고 했을 때부터 사건이 일어난 순간까지의 일을 설명해주었다. 그런데 자꾸만 새로운 사람들이 모여드는 바람에 처음부터 다시 설명을 해야만 했다. 살이 붙고 또 붙어서 이야기는 더 흥미롭고 길어져버렸다. 나중엔 어디까지가 진실이고, 어디까지가 거짓인지 모르는 생중계를 하고 있었다.

그날은 하루 종일 교통사고에 대한 리포트를 하느라고 몹시 피곤했다. 해가 질 무렵 나는 아무 생각 없이 집으로 돌아갔다. 보따리는 어디에 두었는지도 모르겠고, 가출한다고 집을 나왔던 것도 잊은 채 말이다. 대문을 열고 한 발을 마당에 옮겼는데 엄마가 서 있다.

"너 보따리 싸들고 집 나갔다며 왜 들어왔냐? 다리 밑에 너네 엄마 찾으러 갔냐? 왜 다시 기어들어 왔어? 너네 엄마 찾아가서 살지!"

엄마가 웃음을 참으며 나를 놀렸다. 넣었던 발을 다시 빼자니 점심도 못 먹고 중계방송을 하느라 배가 너무 고팠고, 그냥 들어가자니 자존심이 상했다.

 입을 쭉 내밀고 모른 척 그냥 터덜터덜 들어갔다.

 "보따리 들고 나갔다며? 보따리는 어디 있는겨? 나가서 보따리 안 찾아와!"

 "찾아오면 될 거 아냐!"

 나는 다시 대문 밖으로 나가 보따리를 찾으러 갔다.

 '이놈의 집구석……'

 가족 안에서 소외된 아이들은 어떻게든 자신이 주인공이 될 수 있는 곳을 찾아간다. 방문을 열고 나가면 무너지는 존재감이 게임 안에서는 빛난다. 집 안에서는 무시되는 목소리가 골목길에서는 꽤 영향력이 있다. 비록 하잘것없는 고무줄놀이였지만, 나는 그 순간에 가장 빛나는 나를 봤다. 나라를 지키는 용사처럼 폐차를 지키면서 나의 용맹함을 자랑스러워했고, 튀김집 아줌마의 교통사고 리포터를 하면서 신림동 골목길에 없어서는 안 되는 중요한 존재가 되기도 했다. 그런 점에서 대부분 실내에서 생활하는 요즘 아이들의 현실이 안타깝게 느껴지기도 한다. 대문 밖을 나가면 갈 데라곤 학교와 학원뿐이다. 그곳에선 오로지 성적으로 평가된다.

하지만 아이들의 꿈은 놀이를 통해 자란다. 주도적인 사람, 리더십, 설득력, 상상력, 운동신경, 음악적 재능, 사회성, 공감 능력, 대화의 기술, 협동심, 문제 해결 능력, 갈등 해결 능력… 이런 것들은 책에서 배울 수 있는 것들이 아니다. 동네를 뛰어다니며 놀고, 부루마블 게임을 하면서 배울 수 있는 것들이다.

함께하는 놀이는 사회성과 리더십을 키워주고, 혼자 하는 놀이는 상상력과 집중력을 강화시킨다. 놀이를 통해 감정을 정화하고 조절할 수 있는 것을 익힌다. 어린아이들뿐만 아니라 성인에게도 놀이는 마음에 불편한 것들을 비우게 해주고, 결핍된 것들을 채우게 해준다.

죽지 못해 사는 사람과 사는 즐거움을 아는 사람의 결정적인 차이는 무엇일까? 나는 놀이를 창조해낼 수 있는지, 즉 놀 수 있는 능력이 있는지 없는지로 본다. 놀이를 창조해낼 수 없는 사람은 아무리 어린 나이에도 죽음을 생각할 수 있다. 우리는 놀이에서 배우고, 놀면서 성장한다. 잘 놀 줄 알아야 잘 살 수 있는 법이다.

4
나는 이제 가장 좋은 것을 나에게 준다

진짜 내 마음을
알아차리면서
내 삶은 달라졌다.

이제 나는 더 이상
어린아이가 아니다

나는 나에게
가장 좋은 것을 줄 수 있다.

나는 나를 위해 최고의 것을
선택할 수 있는 사람이다.

'나 보고 자~' 놀이

어릴 때 작은언니랑 내가 잠이 들기 전에 자주 하던 놀이가 있다. 그 이름은 '나 보고 자~' 놀이. 한 사람이 등을 돌리고 자면 최대한 불쌍한 목소리로 "나 보고 자~"라고 말해서 상대를 돌아눕게 만들면 이기는 거다. 장난인 줄 알면서 누가 돌아눕겠냐고 생각하겠지만, 우린 한 번도 서로를 이겨보지 못했다. 절대로 안 돌아볼 거라고 다짐을 해도, 울먹이며(나는 실제로 눈물을 흘렸다) 애절한 목소리로 매달리면 가슴에 찌릿찌릿 전기가 흐르는 느낌 때문에 오래 버티지 못한다. 그것은 언니와 나만이 알 수 있는 강한 정서다.

작은언니와 나의 공통점은 엄마에게 충분히 환영받지 못하는 자식이었다는 것이다. 엄마는 결혼하고 여러 차례 자연유산을 하는 바람에 5년 만에야 첫 아기를 얻을 수 있었다. 너무도 기다렸던 아기이기 때문에 엄마에게 큰언니는 분신 같은 존재였다. 그리고 1년 후 엄마는 둘째를 임신하게 되었다. 첫 아이를 겨우 얻은 엄마는 이제 아들을 간절히 원했다. 당시 대부분의 부모들이 아들을 선호했지만, 유독 엄마는 아들이 둘 있어야 한다는 신념을 가지고 있었던 사람이다. 아들 하나면 엄마가 늙었을 때 구박할 수 있기 때문에 보험으로 둘은 있어야 한다는 것이다. 아들이라고 굳게 믿었는데, 엄마는 여자아이 쌍둥이를 낳았다. 쌍둥이 언니들을 임신하면서부터 시작된 아빠의 방랑은 쌍둥이를 낳을 때에도 엄마와 두 살 된 어린 딸이 감당하게 했다. 엄마는 큰언니를 주인집에 맡겨놓고 혼자 병원에 가서 쌍둥이를 낳았다. 두 살짜리 아이와 갓 태어난 쌍둥이… 이렇게 여자아이 셋이 단칸방에서 울어대서 잠을 못 자겠다는 이유로 아빠의 외박은 더 잦았다. 아빠에 대한 분노와 배신감, 그리고 경제적 어려움과 쌍둥이 육아로 엄마는 몸과 마음이 만신창이가 되었을 것이다. 하지만 한 여자로서 남편에게 느끼는 배신감과 분노도 엄마에게는 사치였다. 세 아이를 데리고 살아야 했으니까…….

주변에서는 남편 마음을 돌리려면 쌍둥이 중에 한 명은 젖을 뗄 때까지만이라도 시설에 맡겨야 한다고 엄마를 설득했다. 반강제로 쌍둥이 언니 중 한 명은 젖을 뗄 때까지 시설에 가게 되었고, 그사이에 엄마는 원하던 아들을 낳았다. 오빠가 걷기 시작했을 때 엄마는 시설에 있는 아기를 집으로 데리고 왔다.

집에 돌아온 아기는 집에서 자란 쌍둥이 자매와 다르게 발달이 더디고 정서적으로도 문제가 많았다. 신체적인 발달이나 언어 발달도 문제가 있었지만, 무엇보다 엄마와의 관계에서 애착 문제가 심각한 상태였다. 엄마와 눈을 맞추거나 안기지 않았고, 자주 서럽게 울었단다. 안 그래도 죄책감이 많았을 엄마는 자신을 밀어내는 딸이 주는 거절감과 실패감으로 죗값을 치르고 있었을 것이다. 그 아기는 가족과 떨어진 시간을 끝내 이겨내지 못했고, 부모 형제의 사랑을 받아먹지 않으며 지내다가 결국 홍역을 이기지 못하고 하늘나라로 갔다.

엄마의 마음이 어땠을까? 엄마는 그 아기에 대한 죄책감과 아빠에 대한 분노를 어떻게 감당했을까? 딸을 잃은 그 상실감을 어떻게 삼켰을까? 그 상태로 어떻게 남은 자식들에게 웃어줄 수 있었겠는가? 어떻게 입에 밥이 들어가고 편안한 잠을 잘 수 있었겠는가? 그래도 어떻게 할 수가 없었다. 그 모든 슬픔과 분노는 삼켜져야만 했다. 남은 세 아이와 살아내야 하니까…….

엄마는 자식을 잃은 슬픔을 충분히 애도하기도 전에 또 원치 않은 나를 임신하게 되었다. 뱃속에 있는 나는 엄마에게 어떤 존재였을까? 당시에도 아빠는 집에 거의 들어오지 않았고 가난은 날로 더 심해졌다. 나를 임신한 지 5개월쯤 되었을 때, 추석을 앞둔 어느 날 아침이었다. 사람들이 방앗간에 떡을 하기 위해 불린 쌀을 이고 가고, 산에 솔잎을 따러 가는 모습을 보고 어린 큰언니가 "엄마, 우리는 떡 언제 해?" 물었단다. "엄마가 산에 가서 솔잎 따와서 떡 해줄게." 약속을 하고 엄마는 뱃속에 있는 나와 함께 집 뒤 관악산으로 올라갔다. 떡은 무슨 떡. 밥 지어 먹을 쌀도 없는데……. 낭떠러지에서 뛰어내릴까? 약을 털어 먹을까? 남편도 돈도 없는 추석에 세 아이와 뱃속에 있는 생명이 오직 엄마만 바라보고 매달려 있다는 건 어떤 것이었을까? 엄마는 죽기를 결심하는 순간 세 아이가 우는 소리가 들려서 정신을 차리고 산을 내려왔다고 한다. 그해 겨울 엄마는 냉방에 세 아이를 두꺼운 이불에 돌돌 말아 꽁꽁 묶어놓고 못을 주워다 팔기 위해 나가야 했다. 추운 날씨에 아무것도 모르는 오빠가 차가운 바닥을 기어다닐까 봐 세 명을 똘똘 뭉쳐놓은 거였다. 철거하는 곳에 가서 못을 주워다가 철물점에 가져다주면 하루를 보낼 연탄과 쌀을 살 수 있었다. 임신한 몸으로 낮에 잠깐 나가서 돈벌이를 할 수 있는 것은 그것뿐이었다.

3월에 내가 태어났고, 아빠는 내가 태어난 줄도 몰랐다. 엄마는 세 아이를 맡길 곳이 없어서 산파를 불러다가 집에서 나를 낳았다. 단칸방에서 세 아이가 깨면 놀랄까 봐 소리도 제대로 지르지 못하고 입에 기저귀를 물고 나를 낳았단다. 큰언니의 말이 아침에 눈을 떠 보니 엄마 배가 쏙 들어가 있고, 예쁜 아기가 있어서 너무 신기했다고 한다. 엄마는 얼마나 외롭고 서러웠을까? 얼마나 절망스럽고 무서웠을까? 분노를 넘어선 두려움이지 않았을까? 나를 낳은 뒤로 엄마는 오랜 세월 동안 미역국을 드시지 못했다. 나를 낳고 처음 삼킨 미역국을 먹고 심하게 체했기 때문이다.

남편에 대한 분노, 하늘나라로 간 딸에 대한 죄책감은 자신만 바라보며 울어대는 세 명의 어린아이와 젖먹이 아기 때문에 깊이 묻어두어야 했을 것이다. 내가 세 아이의 엄마가 되고 나서 생각해보니 당시 엄마의 삶의 무게가 어땠을지 감히 상상할 수가 없다. 엄마는 아프지도 죽지도 못한다.

남편의 사랑을 빼앗긴 분노와 자식을 잃은 슬픔을 양수와 함께 먹으며 태어난 나는 태어나서도 엄마의 온전한 기쁨과 사랑의 대상이 되지 못했다. 남편과 자식을 잃은 엄마의 눈은 나를 바라보지 않았고, 그 눈빛을 나는 작은언니에게서 찾고, 언니는 나에게서 찾았다. '나 보고 자~' 놀이를 하면서.

    큰언니와 오빠는 오십을 넘은 지금 나이에도 엄마 배를 만진다. 양손으로 엄마 얼굴을 감싸고 볼에 뽀뽀를 한다. 엄마가 그렇게 좋은가 보다. 그러면서 두 사람은 엄마랑 싸우기도 많이 싸웠다. 그들의 관계는 그렇게 지지고 볶고, 물고 빨며 자연스럽다. 하지만 작은언니와 나는 엄마와의 관계에 있어서 뭔가 부자연스럽다. 우린 엄마와 싸우지도 못하고, 엄마를 만지지도 못한다. 작은언니는 엄마 주변을 맴돌며 엄마가 화나지 않도록 집안일을 알아서 거들며 존재했고, 나는 엄마로부터 멀찍이 떨어져 있으면서 엄마를 대신해 작은언니 꽁무니를 따라다니며 존재했다. 언니는 설거지를 할 때면 나를 부뚜막에 앉혀놓았다. 언니가 빨래를 하면 난 옆에 쪼그리고 앉아서 종알거렸다. 언니는 나를 엄마처럼 돌보면서 나와 자신을 동일시했고, 나는 언니가 엄마의 자리를 대신하게 했다.

    대학원을 다니면서 언젠가는 정신분석을 꼭 받고 싶었다. 많은 비용과 시간이 소요되기 때문에 선뜻 시작을 못 한 것도 있었지만, 지금 생각해보면 '엄마'와 '시기심'이라는, 절대 열어볼 수 없는 수치심 덩어리 때문이었던 것 같다. 엄마의 건강이 나빠지면서, 이 세상을 떠나기 전에 이 숙제를 반드시 해결해야만 할 것 같았다. 엄마가 돌아가시고 나서 차가워진 볼을 만지며 느껴질 복잡한 감정들을 대면하는 것이 두려웠다. 아직 따뜻한 체온이 느껴질 때, 아직 엄마 냄새가 날 때, 엄마가 나에게 뭐라고 말해줄 수 있을 때, 그게 뭔지 모르지만 엄마와 무언가 하고 싶었다.

엄마는 치매를 앓다가 돌아가셨다. 다행히 내가 엄마를 자연스럽게 만지고 볼도 비빌 수 있게 된 뒤부터 치매가 시작되었다. 그리고 치매는 내게 엄마의 진짜 마음의 소리를 들을 수 있게 해줬다.

어느 날, 요양원 좁은 침대에 누워 있는 엄마 옆으로 비집고 들어가서 곁에 누웠다. 온몸이 엄마에게 밀착되었다. 너무 좋다. 엄마 얼굴도 만져보고 등도 토닥여본다. 거죽만 남아 차가워진 손도 비벼본다. 엄마도 좋은가 보다. 엄마도 내가 엄마를 만지는 걸 좋아하다니. 엄마의 손이 처음으로 내 볼을 쓰다듬었다. 거칠지 않다. 아기 피부처럼 부드럽다.

"너를 보면 그 애가 살아 돌아온 것 같았어. 그 애한테 미안해서 내가 너한테 살갑게 하질 못하겠더라… 네가 제일 나를 닮았는데……."

"그랬구나… 내가 어디가 엄마를 닮았어?"

"네가 제일 엄마를 많이 닮았지. 엄마 닮아서 먹는 것도 좋아하고, 궁둥이도 크고, 말도 제일 잘하고, 자식 복 많은 것도 엄마 닮았고. 엄마 팔자 닮아서 네가 제일 노년에 잘 살 거다."

"더 해봐, 엄마."

"네가 제일 똑똑한 거 내가 안다. 언니들은 입만 살았지 아무것도 몰라. 네가 날 닮아서 입은 무거워도 하는 말마다 맞는 말만 하지."

처음 듣는 말이다. 엄마가 나를 이렇게 좋아하고 있었다니…….

"그래?"

몸을 엄마에게 더 바짝 붙였다. 이렇게 엄마로 꽉 찬 느낌은 살면서 처음인 것 같다. 엄마의 자궁 속에서도 나는 엄마의 전부를 이 순간만큼 소유하지 못했을 것 같다.

'엄마, 사실은 나도 엄마가 너무 좋아서 엄마를 만지지 못했어. 엄마가 혹시 나를 뿌리칠까 봐… 나도 그랬는데 엄마도 그랬구나…….'

작은언니가 등을 돌리고 누우면 나는 세상을 다 잃은 것 같았다. 그리고 우주에 나 혼자 남겨진 느낌이었다. 깜깜한 우주에 홀로 떠 있는 것 같은, 말로 설명하기 힘든 그 공허감을 어린 나는 감당할 수 없었다. "나 보고 자~" 하며 언니를 불렀을 때, 그 언어의 울림은 언니의 몸을 나에게 돌릴 수밖에 없게 만드는 강한 무언가가 있다. 반대로 언니가 나에게 "나 보고 자~"

라고 해도 나는 그 강한 울림을 거절할 수 없다. 이렇게 우리의 엄청난 결핍은 이 말도 안 되는 놀이를 한동안 계속하게 만들었다. 우리가 갈망하는 것은 엄마에게 온전히 받아들여지는 아기가 되는 것. 엄마에게 꽉 안겨서 종이 한 장 들어갈 틈도 없이 엄마와 하나가 되는 것이었다. 하지만 우리를 온전히 안아주고 품에 꼭 안아주기엔 엄마에게 걸리는 가시 같은 아픔이 많았다.

열 손가락 깨물어서 안 아픈 손가락은 없지만 더 아픈 손가락은 있는 것 같다. 그 아픔은 아마 엄마의 아픔과 관련이 있을 것이다. 그 아픔 때문에 엄마는 아픈 자식을 온전히 안아주지 못했다. 마치 고슴도치처럼……

"엄마, 나 보고 자~"

고아 같은 사람들이 많다. 부모가 있고 심지어 조부모와 함께 사는데 고아 같다. 젖은 물렸지만 텅 빈 눈빛에 아기는 없다. 등에 업고 있지만 체온은 느껴지지 않는다. 아이들을 위해 식사 준비는 하지만 엄마를 향해 종알거리는 소리는 들리지 않는다.

고아가 아닌 고아들은 '나 보고 자~' 해줄 사람을 찾아 헤맨다.

'나를 바라봐주는 사람'이 있다면 그가 누구든 상관없이 마법에 걸린 것처럼 홀리듯 따라가고, '나 보고 자~'라고 부르는 사람이 있으면 주술에 걸린 것처럼 빨려들어가 버린다. 뻔히 지는 게임이고, 뻔히 얻을 것이 하나 없는 빈 공갈 젖꼭지인 줄 알면서도 놓을 수가 없다. 불 보듯 뻔한 사랑을 하고 있다는 것을 모든 사람은 다 볼 수 있어도 당사자만은 볼 수 없다. 흔히 '금사빠(금방 사랑에 빠지는 사람)'들은 상대에 대해 자세히 알아보기도 전에 한눈에 반해서 몸 주고, 마음 주고, 사랑 주고, 돈까지 다 준다. '나 보고 자~' 주술에 걸린 사람들은 서로를 갈망하는 그 애절한 눈빛 외에 현실적인 다른 어떤 것도 보지 못한다. 사기를 당하고도 부르면 달려가고, 폭행을 당하고도 울면서 매달리면 달려가서 안아준다. 이런 어리석은 관계에 중독된 사람들에게 처음부터 관계를 끊도록 권하면 상담은 이어질 수 없다. 상담사가 들어야 하는 이야기는 많은 손실과 상처를 감수하면서까지 그 관계를 통해 얻고 있는 강렬한 것이 무엇인지에 대한 것이다. 그런 이야기들을 오래 하다 보면 내담자들은 자신이 매달리는 것이 '그 사람'이 아니라, '사랑해줄 사람'이라는 것을 구분해낼 수 있게 된다. 그리고 그것이 사랑이 아닌 허구였다는 것도. 단, 이 작업은 상담자가 자신을 '사랑해주는 사람'이라는 확고한 신뢰가 생긴 이후에 알아차리는 것이 안전하다. 가짜라도 물고 있어야 살 수 있는 사람에게 그것을 대신할 좋은 대상이 만들어지기도 전에 '공갈 젖꼭지는 이제 그만 버려!'라고 빼버리는 것은 위험하기 때문이다.

박탈감은 사랑을 구걸하게 만든다. 그리고 아무거나 주는 대로 입에 쑤셔 넣게 만든다. 그것이 우리 몸과 마음, 정신과 영혼까지 병들게 할지라도 입에 쑤셔 넣을 만큼, 사랑과 관심에 대한 갈망은 인간에게 이토록 절박한 것이다.

시기심을
다루는 방법

초등학교 2학년 겨울방학 때의 일이다. 남의 집에는 방 한 구석에 한과도 한 소쿠리씩 있고 다락에 꿀단지도 있다는데, 우리 집은 세끼 밥 먹는 것 외에 먹을 거라곤 검은 설탕뿐이었다. 단것이 '땡기면' 엄마 몰래 부엌에 들어가 검은 설탕을 밥숟가락으로 한가득 떠서 따뜻한 보리차에 타서 마시곤 했다. 어차피 설탕 색이나 보리차 색이나 구분이 안 가니 엄마 눈을 속이기 딱 좋은 간식 거리다. 손 큰 아빠가 귤이나 만두 같은 간식거리를 사오는 날이면 먹이를 기다리는 아기 새들처럼 엄마의 처분만 기다리며, 각자의 몫이 얼마나 떨어질지 눈에 쌍불을 켜고 그것들을 응시한다. 엄마는 한 치의 오차도 없이 우리 삼남매에게 똑같이 나눠준다. 작은언니와 오빠는 절대 그 자리에서 먹는 법이 없다. 나눠줌과 동시에 보물찾기라도 하듯이 각자 어디론가 사라져서 먹을 것을 기가 막히게 숨겨버린다. 한번은 숨긴 귤이 그다음 해 겨울에 찬장 안 3단 찬합 안에서 허옇게 곰팡이가 되어 발견된 적도 있다. 그렇게 두 사람은 '아껴 먹기' 위해 당장의 즐거움을 미룰 수 있었지만 나에게는 그럴 인내심이 없었다. 나는 언제나 그 자리에서 홀랑 다 먹어치워야만 했다. 인내심만의 문제는 아니다. 빨리 먹어치우지 않으면 자기의 것을 놔두고 "한 입만!" 하며 따라다니는 오빠를 이겨낼 재간이 없었고, 언니와 오빠처럼 잘 숨길 자신도 없었기 때문이다. 차라리 다 먹어버리고 나서 작은언니가 숨겨놓았던 것을 꺼내 먹을 때 "한 입만!" 하고 따라다니는 게 낫다. 작은언니는 먹을 것을 숨기는 것도 잘하지만 찾는 것도 잘한다. 엄마가 오랜 시간 외출하면 작은언니는 여러 항아리들 중에 달걀과 밀가루를 감춰둔 항아리를 기가 막히게 찾아낸다. 그리고 엄마가 알아차리지 못할 만큼의 흰 밀가루를 조금 덜어서 맛소금과 깨소금을 넣어서 얇게 부침개를 구워 주었다. 아무것도 넣지 않고 그저 밀가루 맛만 나는 그 부침개가 왜 그리 맛있던지 내 몫을 다 먹고도 항상 부족해서 젓가락에 묻은 기름을 초간장에 찍어 쪽쪽 빨아 먹곤 했다.

    그날도 내 것 두 장을 순식간에 다 먹어버렸다. '좀 천천히 음미하며 오래 먹을걸…….' 항상 후회를 하지만 안 되는 게 있는 법이다.

"더 먹고 싶어."

"더는 안 돼. 더 가져오면 엄마가 눈치채."

"언니는 그거 언제 먹을 거야?" 젓가락을 그대로 든 채로 언니가 남겨둔 부침개 한 장을 최대한 불쌍하게 바라본다.

"난 지금 안 먹고 나중에 먹을 거야."

언니는 야속하게 부침개 한 장을 담아서는 횡하니 어디론가 사라졌다. 바로 뒤따라 갔지만 부침개를 들고 다락으로 올라가버렸다.

'에이씨, 오늘따라 왜 저래!'

다시 부엌으로 가서 프라이팬에 눌어붙은 노릇노릇한 밀가루를 떼어 먹으며 때를 기다리기로 한다.

그때 옆집 친구 진희가 찾아왔다. 방학 숙제를 한 손 가득 들고.

'아참, 오늘 우리 집에서 같이 방학 숙제하기로 했었지!'

진희는 바로 옆집에 사는 가장 친한 친구다. 4남 1녀의 막내 딸로 언니는 없고 나이 차이가 많이 나는 오빠들밖에 없어서 방학 때면 우리 집에 오는 것을 좋아한다. 나에게 언니가 둘이나 있는 것이 진희에게는 부러움이었고, 작은언니는 진희를 친

동생 대하듯 하며 진희와 잘 놀아주었다. 진희는 나보다 작은언니 때문에 우리 집에 오는 것을 좋아했고, 작은언니도 공부 잘하고 예의 바른 진희를 예뻐했다. 한마디로 내게는 친절하지만 얄미운 친구다. 그래도 골목에 진희만큼 착한 애가 없으니 어쩌겠나… 아니꼬워도 참아야지……. 진희가 집에 오면 그때부터 나는 작은언니를 진희와 나눠 가져야 하는데 언니의 친절은 언제나 진희에겐 70, 나에겐 30이었다.

"부침개 냄새 난다. 부침개 해 먹었어?"

"응, 우리 언니가 부침개 해줬어."

"맛있겠다."

"없어. 다 먹어서."

이 말을 듣더니 언니가 갑자기 다락문을 열었다.

"진희야, 이리 올라와 봐. 여기 언니 부침개 있어~" 하는 것이 아닌가! 말도 안 돼! 어떻게 언니가 나한테 이럴 수가 있어! 누가 언니 동생인데, 나한테는 안 준다고 해놓고 진희 오니까 준다고!

나는 진희 뒤를 따라 다락으로 기어 올라갔다. 그런데 언니는 구차한 기어오름까지 막아섰다.

"너는 먹었잖아. 조금밖에 없어서 진희 줄 것밖에 없어. 네 친구잖아. 올라오지 마! 보면 더 먹고 싶기만 하지."

눈물이 날 것 같았다. 뒷걸음질을 하며 다시 다락을 기어 내려오는 이 순간이야말로 내 인생 최고로 굴욕적인 순간이었던 것 같다.

두 사람의 웃음소리가 계단을 타고 내려왔다. 바람난 남편이 젊은 여자와 함께 웃는 소리가 저런 걸까? 젊은 여자 앞에 버림받은 조강지처의 느낌이 이런 걸까?

웃음소리가 내 귀에 닿는 순간 무슨 정신으로 그랬는지, 진희의 물건은 이미 내 손에 있었다. 3분의 2나 깔끔한 글씨로 깨알같이 채운 독후감 공책과 매일매일 성실하게 채운 그림일기. 진희는 나와는 다르게 성실해서 날마다 책을 읽고 독후감을 썼다. 생각을 할 겨를도 없이 독후감 공책을 집어 들고 대문 밖으로 뛰어나갔다. 그리고 냅다 골목을 벗어나기 위해 뛰었다. 심장이 터질 것 같았다.

집집마다 대문 옆에 시멘트로 만든 큰 쓰레기통이 있었고, 난 골목에서 가장 끝에 있는 집 쓰레기통의 뚜껑을 젖혔다. 그러곤 진희의 독후감 공책을 던져 넣었다. 엎질러진 물이다. 이미 공책에 음식물들이 묻어서 이제 돌이킬 수 없다. 무겁게 녹슨 쇠문을 '쾅' 하고 닫았다. 더 이상 진희가 밉지 않다. 더 이상 언니한테 화가 나지 않는다. 죄책감이 이미 내 마음을 다 삼켜서 시기심도 질투심도 남아 있을 자리는 없다.

아무것도 모르고 다락에서 즐거운 시간을 보낸 진희는 천진한 미소를 띠며 방으로 내려온다. 입술에 묻은 기름에 순간 화가 치밀었지만, 진희에게 곧 닥칠 끔찍한 고통을 떠올리니 용서가 된다.

"언니, 진짜 맛있었어~"

"다음엔 많이 만들어줄게."

'놀고들 있네~'

"설아, 우리 이제 숙제하자~ 난 오늘 독후감 숙제 다 끝낼 거야. 이제 두 개만 더 쓰면 된다!"

"좋겠다. 난 아직 세 개밖에 못 썼는데……."

"괜찮아. 내가 도와줄게. 너도 오늘 다 해버리자. 어? 내 독후감 공책!"

"독후감 공책이 없어? 집에 두고 온 거 아니야?"

"아니야, 틀림없이 들고 왔어. 오늘 다 끝내려고 들고 왔단 말이야."

"잘 찾아봐."

언니도 거든다.

아무리 찾아도 없어서 진희는 혹시나 하는 마음에 집까지 다녀왔다. 발을 동동 구르다가 결국 울음을 터뜨린다. '내가 너무 심했나? 차라리 일기장을 버릴 걸 그랬나?' 다시 찾아다가 살짝 돌려놓기엔 일이 너무 커져버렸다. 언니는 우는 진희를 달래주고 나는 여기저기 공책을 찾는 시늉을 했다. 연기를 너무 잘한 건지, 설마 내가 그런 사악한 짓을 했다고 생각할 수 없었던 건지, 언니와 진희는 조금도 나를 의심하지 않았다. 그게 더 미안했다. 내 안에 악마가 살고 있다. 시기심은 순식간에 나의 인격을 둘로 쪼개놨고 사악한 인격이 나를 삼켜버렸다. 울고 있는 진희를 보며 미안한 마음이 들다가도 안아주고 달래주는 언니를 보면 불같은 질투심이 올라왔다. 나의 정신은 연민과 분노로, 미안함과 미움으로 심하게 분열되었다.

한 인간이 사회화가 되어간다는 것은 박탈감 이후 찾아오는 시기심과 질투심을 잘 다룰 수 있게 된다는 것을 의미하는 것이라고 본다. 이 말은 누구도 시기심과 질투심이라는 감정으로부터 완전히 자유로울 수 없다는 것이다. 정말 그렇다. 내 안에 있는 시기심은 심지어 분석가와의 관계에서도 오랫동안 내 정신을 꽤 많이 흔들어놓았다. 이 시기심 때문에 내가 선한 사람인지 악한 사람인지 혼란스러웠고, 인간관계뿐 아니라 분석가와의 관계에서조차 시기심을 감추기 위해 많은 에너지를 사용해야만 했다.

나는 여성스럽고 예쁜 것들을 가진 여성들에 대한 박탈감이 있다. 여성스럽고 예쁜 것을 가지고 있다는 것이 사랑을 많이 받았다는 증거처럼 느껴졌다. 특히 아빠의 사랑을 많이 받아 사랑스러운 여성들에 대한 시기심은 분석가의 세련되고 예쁜 구두나 귀걸이, 곱게 정돈된 머리카락에 불편한 마음을 갖게 했다. 한 번도 들어보진 않았지만, 왠지 그녀는 아빠의 사랑을 듬뿍 받으며 자랐을 것 같았다. 그녀의 옷장엔 값비싼 옷들이 정갈하게 드라이되어 있을 것 같고, 집은 반짝거리고 고급스러운 향기가 날 것 같다. 엄마아빠의 사랑과 관심을 독차지한 무남독녀일 것 같고, 만약 오빠가 있다면 나이 차이가 많이 나서 늘 동생의 손을 잡고 아껴주는 그런 오빠일 것 같다. 그런 그녀 앞에 있는 나는 꼬질꼬질하고 냄새 나는 옷에 구멍 난 양말을 신고 코를 훌쩍거리는 초라한 단발머리 여자아이 같은 느낌이 들 때가 많았다. 거기다 하는 이야기마다 상처받고 바보같이 군 이야기들뿐이니, 내게 그녀는 너무나 가까이하고 싶고 닮고 싶은 여자이면서 동시에 밀어내고 싶은 대상이기도 했다.

발볼이 넓은 데다가 족저근막염을 앓고 있는 나는 앞이 뾰족하고 굽이 있는 예쁜 구두를 신지 못한다. 앞볼은 넓고 바닥은 푹신해야 하며, 굽이 낮고 내 발 사이즈보다 한 치수 큰 신발이 내 신발이다. 특히 여름에는 만 원만 주면 살 수 있는 섹시하고 예쁜 샌들이 널려 있어도 나에겐 그림의 떡이다. 어느 여름

날, 굽이 없고 폭신한 젤리 슈즈를 철퍼덕 바닥에 벗어놓는데 분석가의 신발이 눈에 들어왔다. 검은색 리본이 달린 작고 예쁜 샌들. 그 옆에 놓인 나의 젤리 슈즈를 뭔가로 덮어놓고 싶다. 바로 옆에 놓지 못하고 멀찍이 밀어놓는다.

자유연상을 하는데 뭔가 까끌까끌 걸리는 것이 방해가 된다. '제발 신발 이야기는 튀어나오지 마라. 제발……'

"오늘 신발을 벗는데……"

"네."

"……별 이야기는 아닌데, 그냥 떠올라서 이야기하는 거예요."

"네."

"오늘 신발을 벗는데 선생님 신발과 제 신발이 비교되는 거예요… 선생님 리본 달린 검은색 샌들이요… 너무 작고 예쁜 거예요……"

입 밖으로 나와버린 것만으로도 되감기를 하고 싶은데, 주책없게 눈물까지 줄줄 흐른다. '못 살겠다, 정말! 내가 쪽팔려서 못 산다. 이 나이에 신발 때문에 분석받으면서 울다니……'

"그래요?"

"네. 그래서 속으로 '흥! 차 가지고 다니니까 저런 신발 신고 다니지. 나도 차 가지고 다니면 신는다! 지하철에서 서서 다닐

땐 편한 신발이 제일 좋지 뭐!'라고 생각했어요."

'내가 지금 뭐라는 건지······.'

"하하하하." 분석가는 크게 소리 내어 웃었다. 그리고 뭔가 알 수 없는 해방감을 느끼며 나는 크게 울었다.

"솔직하게 말해볼까요? 나는 윤설 선생님의 그 젤리 슈즈를 시기했는데! 저렇게 편한 신발은 도대체 어디 가면 살 수 있나 하고······. 맨날 밤늦게까지 분석만 하고 있으니 난 저런 신발이 어디서 파는지도 몰라요."

시기심은 '나는 가지지 못하는 것을 가진 자'들에게 향하는 파괴적인 힘이 있다. 내가 가지지 못한 엄마, 내가 가지지 못한 가정, 내가 한 번도 가져보지 못한 사랑을 가진 자들의 것들을 파괴하는 엄청난 힘.

나는 분석가가 나의 시기심에 대해 보복하지 않은 것에 안도했다. 그다음은 내가 분석가에게 시기심의 대상이 될 수 있다는 사실에 수치심으로 뒤집어쓴 오물이 씻겨져가는 느낌이었다. 마지막은 완벽한 인격체를 가지고 있을 것 같았던 분석가도 시기심을 느낀다는 것에 해방감을 느꼈다.

시기심은 이렇게 다루어져야 한다. 우리의 미성숙하고 원초적인 감정들이, 억압하고 부정해야만 하는 감정이 아니라 수용하고 담아주어야 하는 감정이 될 때, 파괴적으로 변하지 않는다.

나도 예쁜 구두랑
비치볼 갖고 싶어

 어린 시절 한 번쯤 다른 사람의 것을 훔친 기억이 누구에게나 있을 것이다.
 부모님의 지갑에 손을 대기고 하고, 문구점에서, 가게에서 그리고 친구 집에서 한 번쯤 물건을 훔치고는 심장이 튀어나올 것 같은 흥분을 경험한다. 그것이 성인이 되어서까지 이어진다면 '병적 도벽'으로 볼 수 있지만 어린 시절의 도벽은 잠깐 있다가 사라진다. 내게도 무언가를 훔치려 했던 경험이 있다.

 열 살 정도 되었을 때였을까? 놀이터에서 혼자 흙장난을 하던 여자아이 하나가 내 쪽으로 아장아장 걸어왔다. 내 눈에 먼저 들어온 것은 그 아이가 신고 있는 리본 달린 예쁜 구두와 하얀 레이스가 달린 양말. 누가 봐도 새로 산 양말에 새로 산 신발이었다. 예쁜 옷을 입고 뒤뚱뒤뚱 걷는 모습이 신기한 엄마는 아이를 보며 까르르 넘어간다. 엄마가 두 팔을 벌리면 아이는 엄마에게 달려가서 넘어지듯 안긴다. 그리고 또다시 몇 걸음 걸어간다. 그렇게 안기기와 멀어지기를 반복하는 동안 엄마는 아이에게서 눈을 떼지 않고 자기들끼리만 사는 세상인 양 수선을 떤다. 흙을 만지던 손을 멈추고 멍하니 그 모녀를 바라보는데 내 안에 악마가 꿈틀거리며 나오기 시작했다. 악마는 아이를 미끄럼틀에서 떠밀기도 하고, 아이 엄마 몰래 볼을 강하게 꼬집기도 한다. 엄마를 어딘가로 숨겨버려서 아이를 울리기도 하고, 아이를 숨겨서 엄마를 울부짖게도 한다. 악마는 이렇게 나의 생각과 몸뚱이를 지배해서 나는 마치 얼음이 된 것처럼 굳어버렸다.

다 놀았는지 엄마가 아이를 번쩍 안고는 "이제 아빠 오시겠다! 집에 가자." 하고 발걸음을 옮겼다. 그때 엄마가 아이를 안아 올리면서 아이의 예쁜 구두 한 짝이 흙바닥에 떨어졌다.

'흙을 파서 저 구두를 땅속 깊이 묻어버려! 다시는 찾을 수 없도록……'

달려가서 나는 떨어진 구두 한 짝을 손에 잡았다. 심장이 터질 것 같았고 손이 부들부들 떨렸다. 그런데 내 발은 어느새 모녀 뒤를 바짝 따라가고 있었다.

"저… 아줌마… 애기 신발 떨어졌어요."

"어머! 아이구… 착하기도 하지! 고맙다~ 언니가 신발 찾아 줬네. '언니, 고마워' 해야지~"

감사 인사를 받기도 전에 뒤돌아서 놀이터를 빠르게 빠져 나왔다. 혹시 내 안에 숨어 있는 악마를 들키기라도 할까 봐 눈이 마주치지 않도록 고개를 홱 돌린 채 말이다.

'아줌마, 나 착한 아이 아네요. 나 나쁜 생각 많이 했어요.'

가장 행복한 장면을 보며 그토록 사악한 생각을 했다는 것이 슬펐다. 지는 해를 뒤로하고 놀이터의 흙을 낡고 더러운 운동화로 툭툭 차면서 걸어 나오는데, 가슴 한쪽이 뻥 뚫린 것 같았다. '저 예쁜 아줌마가 우리 엄마면 좋겠다. 저 아이가 나였으면 좋겠다……'

아직 저녁을 먹지 않은 늦은 오후였던 것으로 기억한다. 아파트단지 사이 주차장에서 놀고 있는데, 아장아장 걷는 아기가 비치볼을 잡으러 다니며 까르르 넘어간다. 아기의 아빠가 공을 굴려주면 아기는 굴러가는 공을 뒤따라가며 뛴다. 아기가 큰 공을 양손에 한 아름 잡아 올리면 아빠는 마치 세상을 다 쥐고 있는 사람을 본 것처럼 놀라고 신기한 표정을 지어준다. 당시 나에게 비치볼은 부의 상징이자 화목한 가정의 상징물이었다. 한 번씩 수영장에 가는 가정에나 있는 물건이니까. 어느새 두 사람은 공을 잊어버리고 다른 놀이를 하고 있다. 공은 주차되어 있는 차와 차 사이에 굴러갔다.

나도 모르는 사이에 내 발은 공을 향해 차 사이로 달려가고 있다. 그리고 공을 양손으로 잡아 윗도리 안에 숨겼다. 임산부 배처럼 옷이 터질 정도로 배가 튀어나왔다. 바람을 빼면 되는 것을 몰랐던 거다. 다 티가 나게 공을 숨기고는 꽃게처럼 옆으로 걸으며 집을 향해 걸었다. 심장이 콩닥콩닥 뛴다.

"애~ 꼬마야, 그 공 아기 건데~"

아저씨가 부드럽게 나를 불렀다. 내가 훔쳐 가는 것을 알고 있으면서도 최대한 나를 배려해주려고 그렇게 말한 것 같다. 얼마나 수치스럽고 떨리던지, 그대로 옷 속에 있는 비치볼을 땅에 떨어뜨리고는 뒤도 돌아보지 않고 우리 집 통로가 아닌 다른 집 통로로 들어갔다. 혹시나 내가 어디에 사는 애인지 알까 봐······.

'절대 훔쳐 가려던 것이 아녜요, 그냥 한번 만져본 거예요.'

그 뒤로 나는 한동안 저녁 시간에 집 밖에 나가지 못했다.

내가 갖고 싶었던 것은 예쁜 구두나 비치볼이 아니었을 거다. 정말로는 나를 사랑스럽게 안아주는 엄마, 나만 바라봐주는 아빠를 갖고 싶었을 거다.

정신분석적인 관점에서 어린아이들이 훔치는 '그것'은 잃어버린 엄마를 되찾으려고 하는 것으로 해석된다. 동생이 태어나서 엄마의 관심을 받지 못하는 시기, 엄마가 아프거나 직장에 나가게 되면서 충분히 보살핌을 받지 못하는 시기, 부모의 갈등으로 정서적으로 소외되어 있게 될 때 아이들은 물건을 통해 박탈된 엄마를 찾아 소유한다. 따라서 훔치는 행동에 대해서는 차분히 타일러서 잘못된 것이라고 알려주어야 하지만, 그보다 아이에게 관심과 사랑을 더 주어야 하는 신호로 받아들여야 한다.

도널드 위니캇은 아이들이 물건이나 돈을 훔치는 것은 엄마를 훔치는 것이라고 했다. 그에 따르면 아이가 훔치는 행동은 '아이가 찾는 데 실패한 무언가를 다른 곳에서 찾는 것'이며, 무언가를 파괴하려는 행동은 자신의 공격성을 버텨줄 수 있는 안전한 환경을 찾는 것이다. 탐욕의 배후에는 어느 정도의 박탈 경험이 있다는 말이다. 내가 훔친 것은 나에게 웃어주는 행복한 엄마와 아빠였다. 나를 향해 환하게 웃어주고, 내가 하는 말과 행동에 크게 반응해주는 엄마와 아빠를 원했다. 부자가 아니어도 좋으니 그냥 여유 있게 나를 향해 웃어주는 엄마, 아빠를 원했다.

　자녀가 훔치거나 공격적인 행동을 하면 무턱대고 혼내려고 하기 전에 최근에 아이가 무엇을 경험하고 있는지를 자세히 관찰해보아야 한다. 가정에서나 학교에서 혹시 소외되거나 불안해할 만한 것이 없는지부터 살펴보아야 한다. 왜 훔치고 때렸는지를 물어보기 전에 박탈감으로 텅 빈 부분을 무언가로 채우려고 한 것은 아닌지, 박탈감으로 누군가에게 화가 나 있는 것은 아닌지부터 물어봐야 한다.

　성인이 되어서까지 마트나 백화점에서 병적으로 훔치기를 계속 하는 사람 중에는 단순히 도덕성이 결여된 사람으로 볼 수 없을 만큼 납득이 가지 않는 사례들이 많다. 사용하지도 않을 물건을 훔쳐서 베란다에 태그도 떼지 않고 쌓아놓은 사람, 이미 절도로 재판을 앞두고 있으면서 또 훔치는 사람, 지갑에 많은 돈을 가지고 있으면서도 훔치는 사람……. 이런 사람들은 내면의 아픔을 어떻게 치료해야 할지 몰라서 그렇다. 갈등과 갈등으로 인한 불안, 공허감, 잃어버린 대상에 대한 갈망을 훔치기로 달래는 것이다. 병적인 도벽 문제를 호소하는 사람의 경우 개인상담과 함께 가족상담을 병행해야 할 때가 많은데, 그 이유는 가족 내에서 소외된 것을 보게 하고 가족의 따뜻한 사랑과 관심을 받는 것이 행동 수정에 빠른 효과를 가져오기 때문이다.

옥수수와 삶은 계란

엄마는 손이 크다. 평소에는 '얄짤 없는' 엄마는 한번 기분이 내키면 큰 손이 된다. 채반에 높이 쌓아놓은 부침개를 시원한 부뚜막 한쪽에 덮어놓고 '오며 가며' 먹으라고 한다. 우리는 오며 가며 차가운 부침개를 하나씩 들고 뜯어 먹곤 했다. 우리 가족뿐만 아니라 지나가는 아줌마도, 이웃 총각도 먹을 수 있을 만큼 많이 만든다.

계란을 삶아도 한 판을 다 삶아서 낸다. 만두를 빚을 때는 말할 것도 없고, 팥죽도 몇 날 며칠을 먹었던 기억이 난다. 엄마 혼자 정한 우리 집 가훈은 '먹을 때 실컷 먹어라'다.

또 다른 기억 속에 엄마는 정말 인색하다. 한 번도 내가 먹고 싶다는 것, 사달라고 한 것을 사준 적이 없는 것 같다. 한여름에 나를 데리고 시내 곳곳에 볼일을 본다고 끌고 다니면서도 시원한 냉차 한 잔 사주는 법이 없다. 아이스크림도 아니고, 핫도그도 아니고, 그저 너무 더우니 길거리에서 파는 냉차 한 잔만 사달라는데, 엄마는 냉차 앞에서 침을 삼키는 내 팔을 거칠게 잡아당긴다.

"빨리 와! 뭐 하러 이걸 사 먹어! 집에 가서 물 마시면 되지!"

한번은 집으로 돌아가는 길가에서 할머니 한 분이 옥수수를 쪄서 팔고 있는 것을 봤다. 달달하고 구수한 냄새에 김이 모락모락 나는 게 너무 먹고 싶어서 발걸음이 절로 멈췄다.

"집에 가면 저녁 먹을 텐데 뭐만 보면 사달라고 하냐! 얼른 안 와!"

엄마는 또 내 팔을 잡아당겨 집으로 데려갔다. 그날은 왜 그랬는지 모르겠는데, 나는 평소에 좋아하지도 않는 옥수수를 사주지 않은 것에 대해 담판을 낼 작정을 했다. 내 기억에 아마 오빠가 며칠 집에 없었던 것 같다. 그래서 가능했을까? 싱크대 앞에 서서 저녁을 하는 엄마한테서 약간 떨어져서 (등짝을 맞지 않을 만큼의 거리에서) 옥수수를 사달라고 떼를 썼다. 마룻바닥에서 떼굴떼굴 굴러도 보고, 목이 쉬도록 울기도 했다. 오빠처럼……. 그러나 오빠는 잘도 통하던데, 나는 안 통했다. 엄마는 내 고집을 꺾겠다는 각오로 들은 척도 하지 않았다. 무슨 오기가 발동했는지 나도 멈추지 않고 울고 또 울었다. 참다못한 엄마는 빗자루를 들고 와서 나를 몇 대 때렸고, 그제야 나는 풀이 꺾인 채 마룻바닥에 볼을 대고 누워서 조용히 울다가 그대로 잠이 들었다. 볼에 흐른 콧물과 눈물이 마룻바닥과 볼 사이에 접착제가 되어서 일어나기 민망해 그냥 잠이 든 것 같다. 옥수수 하나에 비참하게 내동댕이쳐진 느낌이었다. 별로 좋아하지도 않는 옥수수 따위로 내가 이게 무슨 꼴이람. 적당히 하다가 말걸… 적당히 하다가 말았으면 이렇게까지 비참하진 않았을 텐데…….

해가 다 지고 이제는 옥수수 할머니도 가고 없겠다 싶었을 때 어느 정도 분이 풀린 엄마는 마룻바닥에서 잠든 내가 불쌍해 보였나 보다. 언니에게 돈을 던져주며 말했다. "가서 옥수수 사다 줘라! 저놈의 고집을 누가 꺾냐!"

처음부터 이럴 마음이었다. 틀림없이. 내 고집을 꺾고 나서 옥수수 할머니가 들어가기 전에 사주려고 했던 거다. 옥수수. 난 옥수수에 대해서는 잊은 지 오래다. 왜 울고, 무엇을 위해 울었는지, 무엇을 원했는지 모두 잊은 지 오래다. 그저 눈물과 콧물로 뻣뻣하게 굳어버린 내 얼굴이 비참하고 비굴하게 느껴졌을 뿐이다. 언니는 재빨리 달려가서 옥수수를 사다가 내 손에 쥐어주려고 했다.

"설아, 일어나서 옥수수 먹어~"

하지만 나는 주먹을 꼭 쥔 채 옥수수를 받아 들지 않았다.

언니는 내 입가에 따뜻한 옥수수를 대주며 달래려고 했지만, 나는 입술을 꼭 다문 채 절대로 열지 않았다.

"설, 엄마한테 혼나. 먹어~"

언니는 엄마의 눈치를 보며 작은 목소리로 나를 달랬다.

그 모습을 본 엄마가 또 나에게 달려와서 불같이 화를 냈다.

"저년 저 고집 부리는 것 좀 봐라. 그렇게 사달라고 울고불고 난리치더니 이제 사다 주니까 왜 안 처먹냐! 주지 마! 옥수수 이리 가져와! 한 개도 주지 마!"

언니는 계속 나를 달래면서 다시 옥수수를 쥐어주려고 했지만, 난 손가락 하나 열지 못하도록 꽉 닫고 눈물만 뚝뚝 떨어뜨렸다. 딱딱하게 굳어버린 볼이 뜨거운 눈물로 다시 녹아 흐르고 있었다. 세상 불쌍한 모습으로……. 안 먹어! 절대로 안 먹어! 절대로, 다시는 옥수수는 안 먹을 거야.

"나중에 꼭~ 너 같은 거 하나 낳아서 키워봐라!"

엄마의 악담을 들으며 나는 저녁도 먹지 못한 채 그렇게 잠들었다.

또 하나의 에피소드가 있다.

밖에서 놀던 오빠가 들어와서는 나한테 삶은 계란을 먹고 있는 이웃집 아이를 쳐다보고 서 있으란다.

"왜?"

"그냥, 서 있으라면 서 있어!"

당시에 삶은 계란은 소풍 때에, 그리고 엄마가 특별히 기분 좋은 날에만 먹을 수 있었다. 계란을 프라이로 먹는 것은 반찬이기 때문에 매주 일요일 아침에 먹을 수 있었지만, 삶은 계란은 간식이기 때문에 특별한 날에만 먹을 수 있었다.

영문도 모른 채 나는 오빠가 시키는 대로 삶은 계란을 먹는 남자아이를 쳐다보며 서 있었다. 잠시 후에 오빠가 엄마의 손을 끌고 나타났다. 엄마는 빨래를 하다 나온 행색이다.

"엄마, 설이가 거지같이 아까부터 여기 서서 계란 한 입만 달라고 해."

엄마가 제일 싫어하는 게 두 가지가 있는데, 하나는 거짓말하는 것이고, 다른 하나는 남 먹는 거를 '거지처럼' 쳐다보는 거다. 아니라고 변명하기도 전에 엄마의 두꺼운 손은 내 등짝을 내리쳤다. 그리고 엄마는 내 손을 끌고 아무 말 없이 집으로 갔다.

"네가 거지야? 계란 먹고 싶으면 엄마한테 해달라고 할 것이지, 거기서 왜 거지같이 쳐다보고 있어!"

도대체 이게 무슨 상황이지? 내 대답은 들을 필요도 없었다. 엄마는 하던 일을 놓고 큰 솥에 계란 두 판을 삶았다. 실컷 먹으란다. 오빠만 신났다.

엄마는 엄마가 주고 싶을 때만 준다. 엄마는 엄마가 주고 싶은 것만 준다. 그건 내가 원하는 게 아니라고! 내가 시장에서 리본 달린 구두 사달라고 울어도 절대 안 사주면서, 바짓단을 세 번이나 접어 입어야 하는 옷을 사줘 놓고 웃지 않는다고 다시는 안 사준단다.

C군의 아버지는 매일 새벽까지 친구들과 술을 마시느라 가족과 저녁을 먹는 날이 거의 없다. 15년 가까이 C군의 어머니는 그 문제로 싸움도 해보고 아이들 생일만이라도 함께 식사하자고 사정사정을 해보았지만 약속을 지킨 적이 없다. 가족은 어느 순간부터 그런 아빠를 포기했다. 그렇다고 C군의 아버지가 가족과 식사를 전혀 하지 않은 것은 아니다. 어느 날 밤 갑자기 전화를 한 아버지는 다짜고짜 말한다. "야, 아빠 지금 집으로 가고 있으니까 옷 입고 준비하고 있어! 10분 후면 도착한다."

"왜요?"

"왜긴! 같이 저녁 먹으러 갈 거야. 아빠가 너네 꼭 데리고 가고 싶은 오리구이집이 있어서 예약해 놨다! 하하하."

"저희 저녁 먹었는데요. 그리고 저 숙제해야 해서 시간 없어요."

뚝.

일방적으로 전화를 끊은 아버지는 집에 들어오자마자 화를 낸다.

"내가 이래서 집에 들어오기 싫은 거야. 가장이 큰맘 먹고 가족들 맛있는 거 먹이려고 시간 내서 예약까지 했으면, 밥을 먹었어도 아빠 기분 좀 맞춰줄 겸 모르는 척 따라나서면 되는 거지. 애새끼들이 지 아빠 비위도 하나 못 맞추고. 됐어! 가지 마! 내가 같이 밥 먹자고 하면 다 지들 일 본다고 안 된다고 하면서 나보고 뭘 어쩌라고!"

이런 식이다.

많은 부모들이 이 사실을 모른다. 시원한 물을 먹고 싶다는 아이에게 우유를 권하고는 지금 다 마시란다. 긴장감 때문에 밥이 안 들어가서 우유 한 잔만 먹고 가겠다는 아이에게 다시는 집에서 밥을 안 해줄 거라고 으름장을 놓는다. 부모는 자녀에게 최고의 것을 줬다는데, 자녀는 부모가 자신이 원하는 것을 들어준 적이 없다고 한다. 자녀가 원하는 때가 아닌 부모가 주고 싶을 때 주었기 때문이다. 자기애적인 부모일수록 받는 자녀의 욕구에 귀 기울이기보다는 주고 싶은 자신의 욕구를 만족시키는 것을 더 중요하게 생각한다.

'나는 아침에도 생선을 구워서 따뜻한 밥을 주는 엄마야!'

'우리 애는 싸구려 아무 옷이나 입혀서 키우진 않을 거야.'

주는 것을 기꺼이 받아 먹지 않는 자녀에게 화를 내고, 부모가 주고자 하는 것과 다른 것을 요구하면 좌절한다. 엄마 입에 맛있으면 아이 입에도 맛있어야 한단다. 아빠가 보기에 좋으면 아이도 좋아해야 한단다. 부모가 자식 잘되길 바라지, 잘못되길 바라냐고 하면서…….

부모와 상담을 하다 보면 "선생님, 이럴 때 제가 어떻게 해주는 게 좋을까요?"라고 나에게 물어볼 때가 많다. "아이한테 물어보세요. '엄마가 어떻게 해주면 좋을까?'라고요." 엄마한테 듣고 싶은 말이 뭔지, 어떻게 해주면 좋겠는지를 자녀가 아닌 책이나 다른 사람에게 물어본들 어떻게 알겠는가?

뚱땡이 하마 궁둥이
엄마, 미워!

초등학교 2학년 때의 일이다. 큰언니는 어린이 합창단에 있으면서 여러 나라를 다니며 공연했다. 공연을 마치고 돌아온 언니의 가방 안에는 우리를 위한 작은 선물들이 있었다. 사올 수 있는 형편은 못 되었으니 아마도 무료로 주는 기념품들이나 선물로 받았던 것을 챙겨 왔을 것이다.

그런데 큰언니가 처음으로 방콕에서 내 선물을 사왔다.

"짜잔!"

대박! 내가 그렇게 갖고 싶었던 '양면 자석필통'이다. 그것도 캔디 자석필통!

당시에 만화 캐릭터 필통, 그것도 양면 자석필통은 한 반에 한 명도 가지고 있지 못한 귀한 물건이었다. 나는 물론이거니와 구경하던 작은언니도 나만큼 기뻐해주었다.

"설아, 언니가 새 연필 줄게~ 지우개도 새 걸로 넣어! 애들이 보면 난리 나겠다. 잃어버리지 않게 잘 챙겨."

"응, 절대! 절대! 안 잃어버릴 거야!"

나는 당장 그 안에 채울 것들을 가지러 갔다. 그런데 엄마가 나지막한 목소리로 판을 깼다.

"그거 아직 쓰지 마! 잘 보관해 놔."

엄마가 필통을 아직 쓰지 말란다.

"엥? 왜?"

언니들도 거들었다.

"엄마, 왜? 그냥 쓰라고 해. 이거 들고 다니는 애들 있어. 왜 애 기분 망치게 그래~ 설아, 그냥 써!"

"국민학생이 너무 비싼 것을 들고 다니면 못써. 그건 잘 뒀다가 중학교 들어가면 써. 말 들어! 그런 것 들고 다니면 괜히 나쁜 애들한테 뺏기고 선생님한테도 혼나!"

"안 혼나. 자랑하지 않을게~"

엄마는 강하게 으름장을 놨다.

"너는 물건을 제대로 관리도 못하고 잃어버리기도 잘하면서! 얼른 안 갖다놔!"

애꿎은 마룻바닥만 쿵쿵 내리치며 필통을 언니 손에 집어 던지듯이 넘겨버렸다. 그리고 방에 들어가 두꺼운 이불에 얼굴을 파묻고 훌쩍훌쩍 울었다. 그래, 3년만 기다리자. 서랍에 고이 모셔둔 필통을 수시로 꺼내서 만져보고 폭신한 뚜껑이 여전히 폭신한지 눌러보았다.

"자석 자꾸 열었다 닫았다 하면 나중에 잘 안 닫혀. 그냥 좀 놔둬라."

"그래?"

자석이 닳을까 봐 이제 걱정이 돼서 필통의 존재를 잠시 잊기로 했다. 중학교에 가서 새 책가방에서 자랑스럽게 꺼낼 캔디 필통에 대한 상상을 마지막으로 하고.

그런데! 6개월도 되기 전에 엄마가 필통을 가져와 보란다.

"왜?"

뭔가 수상한 냄새가 난다.

"글쎄, 가지고 오라면 가지고 와봐. 넌 다음에 더 좋은 거 사줄 테니까 그거 수진이 주자. 이모는 매번 이것저것 많이 챙겨줬는데, 나는 이모가 돼가지고 수진이 입학할 때도 아무것도 못 줬잖아. 이모 온다니까 일단 그거 수진이 주고 넌 나중에 언니한테 더 좋은 걸로 사오라고 할게."

이럴 때 난 미치고 팔짝 뛰겠다.

'국민학생은 들고 다닐 물건이 아니라며? 그것도 1학년이? 내가 이럴 줄 알았어. 처음부터 이럴 생각으로 못 쓰게 했던 거야!'

'더 좋은 것으로 사준다고? 내가 그 말을 믿을 것 같아? 한두 번 속아? 내가 못 살아!'

엄마 성격을 아는 나는 더 이상 조르지도 못하고 부글부글 타오르는 마음을 숨긴 채 입만 쭉 내밀고 그저 가만히 서 있었다.

언니와 오빠가 엄마를 말려보았지만 아무 소용이 없었다.

"욕심 부리지 말고 가져와!"

'뚱땡이 하마 궁둥이 엄마!'

쿵쿵 발소리를 내며 필통을 가져왔다. '난 연필심으로 까맣게 될까 봐 그 안에 단 한 번도 깎은 연필을 넣어본 적이 없는데……. 이대로 줄 순 없다. 너무해. 정말 해도 해도 너무해. 다른 필통 따윈 필요 없어. 아무리 비싼 필통을 사준다고 해도 내가 받을 줄 알아? 난 그 필통을 받고 절대 웃거나 좋아하지 않을 거야.'

입을 꾹 다물고 눈물을 뚝뚝 흘리는 나를 보며 엄마는 말한다.

"저, 저, 미련 곰탱이 같은 년, 또 입 쭉 내민다! 나중에 중학교 가면 더 좋은 거 사준다니까!"

방으로 달려가 이불을 바닥에 내동댕이치곤 그 안에 얼굴을 파묻었다.

'아니! 앞으로 엄마가 나에게 주는 어떤 것도 난 받지 않을 거야. 필통! 엄마나 많이 가지라지! 내가 그 필통을 받으면 사람이 아니다!'

난 울면서 필통 뚜껑의 모서리를 힘껏 꺾어버렸다.

마음 같아서는 뚜껑을 떼어버리고 싶었다. 아니면 칼로 캔디 그림을 갈기갈기 찢어놓고 싶었다. 하지만 그랬다간 뼈도 못 추릴 것 같아서 소심하게 꺾인 필통을 가져다드렸다.

엄마는 내가 생각했던 것보다 훨씬 더 화를 냈다.

"내가 너 그럴 줄 알았다. 넌 좋은 게 소용이 없어. 이거 이제 어쩔 거야?"

필통은 결국 사촌동생의 손으로 갔고, 나는 나의 '캔디 양면 자석필통'을 애도할 틈도 없이 죄인이 되어 굳은 얼굴로 며칠을 보냈던 것 같다. 엄마는 나한테 애교가 없고 무뚝뚝하다고 한다. 뭘 줘도 좋아할 줄 모른다고 '미련 곰탱이 같은 년'이란다. 그때 엄마가 나한테 미안하다는 말 한마디만 했다면… 내가 싫다고 울면서 떼라도 쓸 수 있었다면…….

엄마에 대한 이 마음이 해결되기 전까지 난 엄마에게 미련 곰탱이 같은 년이었고, 엄마는 나에게 뚱땡이 하마 궁둥이였다.

'뚱땡이 하마 궁둥이 엄마 미워!'

엄마와 열 살이나 나이 차이가 나는 이모는 엄마와 다르게 키도 크고 지적이며 예쁘다. 경제적으로도 여유가 있어서 이모는 우리가 가까이 살 때, 이것저것 많이 챙겨주셨다. 장을 보면 꼭 우리 집 것까지 사서 넣어주고 가고, 사촌들 옷을 살 때면 내 것까지 챙겨주었다. 언니가 돼서 받기만 했으니 미안하기도 하고 고맙기도 했을 거다. 그깟 필통이야 얼마든지 줄 수 있고 더 할 수만 있으면 하고 싶었을 거다. 하지만 어린 내 눈에 모든 것을 다 가진 사촌동생에게 유일하게 없고, 나에게만 있는 캔디 자석필통까지 꼭 빼앗아서 줬어야 했는지 도무지 이해하기 어려웠다. 엄마한테는 '그깟 필통'일지 몰라도 나에게는 '너무도 소중한 필통'이었다. 처음으로 가진 '내 거'였다. 아무하고도 공유하지 않아도 되는 내 필통이었다. 누가 쓰던 것도 아니고, 나눠 쓰지 않아도 되는, 온전한 내 것.

길을 가다 보면 아이들을 격분하게 해놓고 떼를 쓴다고 야단을 치는 부모들을 본다. 지하철에 4인 가족이 탔다. 엄마, 아빠, 그리고 어린 남매 네 식구가 돗자리를 어깨에 멘 걸 보니 어디 소풍이라도 가는 것 같다. 빈자리가 생기자 남자아이가 얼른 달려가 털썩 앉았다. 엄마는 앉은 아들의 엉덩이를 한쪽으로 밀어 작은 여동생의 자리를 만들어주곤 앉혔다. 자리에 앉은 큰아이는 앉자마자 손에 든 게임기를 켰다. 그런데 시작도 하기 전에 옆에 앉은 여동생이 자기도 게임하게 해달라며 징징거린다. 조용한 지하철 안에 두 아이가 싸우는 소리는 엄마의 신경을 자극했다.

"애들아, 여기서 싸우면 안 돼. 동생 하라고 줘, 응? 동생 조금만 하고 나면 너 해. 동생 울잖아. 알았지? 착하지?"

"우이씨, 자!" 착한 오빠는 동생에게 게임기를 넘겨주었다. 금세 뚝 울음을 그친 동생이 게임기를 가져갔고, 오빠는 옆에서 때를 기다렸다.

"이제 오빠 좀 하자. 너 많이 했잖아." 기다릴 만큼 기다린 오빠가 게임기를 가져가려고 하자 얄미운 동생이 또 울음을 터뜨린다. 그러자 이번엔 아빠가 나선다. "이리 내놔! 오늘은 게임 못 해!"

눈치 빠른 동생은 "네~" 하고 얌전히 앉아 있는데 큰애는 억울한 눈물을 소리 없이 뚝뚝 떨어뜨리다가 벌떡 일어나 문 쪽으로 가버린다. "쟤 또 삐졌다!" 모든 상황을 알 만도 한 엄마가 아이의 상처 난 마음에 소금을 뿌린다.

부모들은 가끔 아이들이 '아이'라는 사실을 잊어버리는 것 같다. 아이는 어른의 축소판이 아니다. 아이에게 어른처럼 생각하고 배려하지 못한다고 야단을 치고, 어른처럼 생각하고 배려해주길 요구해서는 안 된다. 아이는 아이다워야 한다. 아이였을 때 자신의 감정을 충분히 느끼고 표현하고 받아들여지는 경험이 부족하게 되면, 성인이 되어서도 타인의 감정만 볼 뿐 자신의 감정은 알아차리지 못하고 산다. 상담을 한다는 것은 알아차리지 못하고 잃어버린 '내면 아이'를 찾아주는 과정이다. '내면 아이'의 억울함, 무서움, 창피함, 미움, 부러움을 성인이 된 자신이 부모가 되어 안아주고 담아주는 것이다.

판도라의 상자를
열어볼 용기

 엄마에 대한 내 마음을 닫게 만든 사건이 또 있다. 양면 자석필통 사건과 비슷한 시기였을 거다.

 엄마가 외출할 눈치가 보인다.

 "엄마, 어디 가게?"

 눈치 빠른 오빠가 먼저 선수를 친다.

 "어디 가면! 너넨 집에 있어. 엄마 놀러 가는 거 아니고 일 보러 가는 거야. 따라올 생각은 하지도 마!"

 나는 오빠와 엄마의 대화에 귀를 쫑긋 세우고 듣고만 있다.

 오빠는 어느새 옷을 갈아입고 와서는 조르기 시작한다. 오빠가 조르기 시작하면 엄마는 꼼짝도 못한다. 그래서 나도 조르기에 합류했다.

한참을 조르자 엄마가 백기를 들었다.

"내가 못 살아. 대신에 뭐 사달라고 하면 안 돼."

"절대 사달라고 안 할게. 다리 아프다고도 안 하고 얌전히 따라갈게. 앗싸~"

허락이 떨어지기가 무섭게 오빠는 벌써 신발을 신었다.

"설이는 집에 있어. 너까지 가면 이모 귀찮아. 놀러 가는 거 아니니까 그냥 집에 있어!"

나는 목놓아 울며불며 난리를 쳤다.

"알았어! 가자, 가! 근데 세수도 안 하고 그러고 어떻게 갈래? 울어서 눈물콧물 범벅이구만… 꼬질꼬질해가지고……."

"씻을게. 씻고 올게~ 기다려. 금방 씻고 온다고……."

난 총알같이 달려가서 병아리 세수를 했다. 입던 옷을 바닥에 내동댕이치고 아무 옷이나 집어 들고 마루로 튀어 나왔다. 그런데 엄마랑 오빠는 마루에 없었다. 놀라서 신발도 안 신은 채 대문 밖으로 뛰어나갔다. 엄마가 오빠 손을 잡고 유령이라도 본 듯 뛰고 있다. 더는 울 기운도 없고, 떼를 쓸 기운도 없다. 맨발로 담벼락에 몸을 기대고 멍하니 골목길만 바라보았다. 골목도 텅 비었고, 내 마음도 뭔가 뻥 뚫고 지나간 것처럼 텅 비어 버렸다.

이 광경을 계속 지켜보던 큰언니가 너무했다 싶었던지 내 신발을 들고 따라 나와서는 말한다.

"설아, 언니랑 집에 있자. 언니가 계란 넣어서 토스트 만들어줄게. 오빠는 주지 말자~"

'누굴 애기로 아나… 아니면 거지로 아나… 이 상황에 내가 토스트 하나에 웃을 것 같아?'

그 자리에서 소리 지르다가 고꾸라져서 죽고 싶었다. 엄마가 와서 죽은 나를 보고 후회하게 하고 싶었다. 저녁 늦은 시간에 엄마랑 오빠가 왔지만 이미 싸늘하게 식어버린 내 마음은 엄마에 대한 모든 마음을 철수해버렸다. 다시는 엄마를 좋아하지 않을 거야. 다시는.

개인상담과 집단상담을 받기 시작하면서 이론 수업만 받을 때보다 나의 두통은 더 심해져서 진통제를 두 배로 늘려야 했다. 머리뿐 아니라 온몸이 신병이라도 걸린 것처럼 아팠다. 토하고 몸살이 난 것 같기도 하고 어지러웠다. "상담 공부 좀 그만해라. 그러다 사람 잡겠다. 아픈 과거 자꾸 들여다봐서 뭐 하냐~" 항상 밝고 명랑한 내가 병든 닭처럼 시름시름 앓는 것을 본 지인들은 나를 걱정했고, 상담에 대한 부정적인 생각들을 노골적으로 표현하기도 했다. 나도 그 문제는 일단 닫았다. 내가 감당할 수 있는 게 아니었다. 이러다가 머리가 터질 것만 같아서 닫았다. 아니, 그 누구도 이 문제로 나의 무의식의 판도라 상자를 열지 못하게 할 거다. 무의식이란 정말 위험한 것이어서 함부로 열어보려고 해서는 안 되는 거다.

'내가 엄마를 싫어하는 게 아니고 사실은 엄마를 좋아했다는 것. 사실은 엄마를 원했다는 것은 비밀이다. 그건 나에게도 비밀이다. 판도라 상자 안에 넣고 굳게 닫아놔야 한다.' '그걸 알면 어쩌라고?' 실타래처럼 엉켜버린 생각들이 내 혈관을 막아 터질 것만 같았다. 미칠 것만 같았다. 자꾸 화가 났다.

23년 전쯤, 당시 실습 중인 상담 선생님이 무료로 상담을 해준다고 해서 두 번의 상담을 받고 난 어느 날이었다. 상담으로 나의 판도라 상자가 살짝 열렸고 나는 정체 모를 분노가 자꾸 올라왔다.

한번은 가족이 함께 온천을 갔는데, 거기서 '무한 긍정'에 친절하던 내가 어이없는 분노를 폭발시키고 말았다. 목욕을 마치고 탈의실로 나오는데, 여섯 살 된 딸아이가 기다리라는 말을 듣지 않고 물을 뚝뚝 떨어뜨리며 탈의실로 뛰어나갔다. 그 바람에 청소하는 아주머니가 화를 내면서 아이에게 냅다 소리를 질렀다.

"아이고~ 물을 닦고 나와야지! 여기저기 물을 질질 흘리고 다니면 어떻게 치우라고!"

지금 생각하면 충분히 할 수 있는 말이고 그냥 "죄송합니다." 한마디만 하면 될 일인데, 당시 나는 가슴속에서부터 불덩이 같은 게 확 올라와서 아이에게 소리를 질렀다.

"야! 엄마가 기다리라고 했어, 안 했어? 왜 물을 질질 흘리고 다녀? 아줌마 뭐라 하시잖아!"

아이에게 화가 난 것이 아닌데, 아이한테 불똥이 튀어버렸다. 아이는 그 상태로 얼어버렸다.

나는 거친 손놀림으로 얼어버린 딸아이의 몸에 있는 물기를 닦았다. 그리고 그 수건으로 아이가 바닥에 흘린 물까지 신경질적으로 닦았다. 내게 했던 엄마의 가장 싫어하는 행동을 내가 내 딸에게 하고 있던 거다. 무슨 정신인지 가슴은 계속 뛰었고, 내 의식과 몸은 따로 움직였다. 마음 같아서는 옷장 안에 있는 옷도 다 내동댕이쳐 버리고 싶고, 멍청하게 서 있는 얼어버린 딸의 등짝도 후려치고 싶었지만 떨리는 손을 간신히 붙잡았다.

그래도 분이 안 풀려서 옷을 다 입고 나오는 길에 신발을 바닥에 냅다 던져버렸다.

"우이씨!"

나도 모르게 입에서 튀어나왔다. 자기 잘못으로 아줌마랑 엄마가 화가 났다고 생각한 딸은 옆에서 죄인이 되어 쩔쩔맨다. 내 모습이다. 그 모습에 나의 어린 시절이 있다. 내가 가장 사랑하는 딸에게 내가 가장 아프게 겪었던 감정을 느끼게 하고 말았다. 젊은 매니저가 놀라서 쫓아나왔다.

"손님, 무슨 불쾌한 일이 있으셨어요?"

"내가 여기 밥 얻어먹으러 온 사람이에요?"

'엥? 이게 무슨 생뚱맞은 소리지? 내가 지금 무슨 말을 하고 있는 거야?' 매니저가 당황해서 나를 따라 나오려고 했지만 나는 온몸이 떨리고 창피해서 아이의 손을 잡고 황급히 엘리베이터를 탔다. 이래서 사람이 미친 행동을 하는구나…….

당시의 나는 심리적으로 매우 위험했다. 판도라의 상자가 갑자기 열려서 인지적으로는 뭔가 의식 위로 올라왔지만, 자아의 힘이 약해서 그것을 적절하게 방어하지 못한 것이다. 자아가 그것을 감당할 수 있는 수위로 조절되도록 해야 하는데, 그럴 힘이 없는 상태에서 한꺼번에 확 분출되고 만 것이다. 마치 맑은 물을 바닥까지 휘저으면 순식간에 흙탕물이 되어버리는 것처럼 말이다.

내담자가 그 모호하고 엉킨 실타래들을 언어화해서 하나하나 의식으로 초대할 수 있으려면 많은 인내와 시간이 필요하다. 내담자의 방어기제들을 한꺼번에 무너뜨리면 안 되는데 정신 구조의 민감함과 복잡함을 충분히 이해하지 못하거나 임상 경험이 부족한 상담사의 경우, 억압된 감정을 표현하는 것의 중요성만 강조하곤 한다. 알아차리고, 해석하고, 억압된 감정을 표현할 수 있는 것을 상담의 효과라고만 생각하고 밀어붙이면 내담자를 이런 위험에 빠뜨릴 수도 있다.

다시 내 이야기로 돌아가면, 나는 엄마에 대한 새로운 발견을 깊이 밀어넣고 판도라의 상자를 닫았다. 개인상담을 포기한 것이다.

그 이후 10년 동안 공부도 지속되었고, 많은 임상을 하면서 그 판도라의 상자는 한 번씩 내 의식으로 침범해서 들어왔지만 그때마다 삼키고 또 삼켰다. '지금은 아니야. 난 지금 그걸 다룰 힘이 없어. 내일도 내담자를 만나야 하고, 과제도 내야 해. 그리고 내가 미쳐버릴 것 같을 때 나를 붙잡아줄 수 있는 전문가가 필요해. 내가 산산이 부서져 사라질지 몰라. 나의 이 복잡한 정신세계를 이해하고 담아낼 만큼 실력 있는 사람을 만나지 않으면 내가 끝없는 어둠 속으로 빨려들어 갈지 몰라. 아이들은 어쩌고, 내담자들은 어쩌라고. 내가 떨어질 때 나를 받아줄 수 있는 단단한 누군가가 있을 때까지 나오면 안 돼.'

그렇게 굳게 닫아놓은 판도라 상자를 열어봐야겠다고 생각한 건 엄마가 뇌졸중으로 쓰러지고 나서였다. 빠르게 응급조치를 하지 않았다면 나는 엄마를 다시는 못 볼 수도 있었다. 엄마의 장례식을 상상해보았다.

'눈물이 나오지 않으면 어떻게 하지? 아니, 너무 울다가 기절이라도 하면 어떻게 하지?'

더 이상 미룰 수가 없었다. 내가 선택한 분석가는 노련하다. 내가 미쳐 날뛰어도 겁먹거나 당황하지 않을 만큼 단단하고 강하다. 무엇보다 나의 이 뒤죽박죽된 복잡한 무의식을 들여다보는 것을 두려워하지 않는다.

나는 2013년 11월부터 분석을 받기 시작했다. 처음에는 분석가의 눈빛이 무섭기도 하고, 분석가의 의자와 내 의자가 너무 멀게 느껴지는 것조차 불안했다. 나를 이상한 사람으로 볼 것 같기도 하고, 내 말이 너무 과장돼서 의심하면 어쩌나 불안했다. 내가 너무 흥분한 나머지 소리 내서 울거나, 시간이 지난 줄도 모르고 떠들다가 다음 내담자에게 피해를 주면 어쩌지? 머릿속은 통제에 대한 생각으로 가득했다.

'당신 같은 사람이 무슨 상담을 한다는 거야? 위험천만한 사람일세……' 할 것 같았다.

다행히도 분석가는 나의 취약한 자아를 잘 다뤄주었다. 단단한 그녀는 나의 보조 자아가 되어주면서 나의 판도라 상자를 같이 열어볼 수 있는 안전한 공간을 만들어주었다.

언제부터인가 점점 카우치는 따뜻하게 나를 보호하면서 잘 키워내주는 엄마의 자궁 같은 곳으로 변했다. 그 카우치에 누워서 나는 조금씩, 아주 천천히, 오랫동안 굳게 닫아놓았던 나의 판도라의 상자가 열리는 것을 경험했다. 그 안에 있는 위험한 것들은 하나둘씩 내 의식으로 올라왔고 나는 그것들을 언어로 내뱉기 시작했다. 그리고 그 언어는 다시 내 귀에 들리고 분석가의 귀에 접촉되었다. 분석가 앞에 누우면 내 안에 결핍과 박탈로 상처받았던 어린아이가 소환된다. 그 공간과 시간은 어린 나에게 인큐베이터 같은 곳이고, 무균실 같은 곳이고, 엄마의 자궁 속 같은, 세상에서 가장 안전한 곳이다.

판도라 상자가 열리고, 엄마에 대한 진짜 내 마음을 입밖으로 내뱉으면서 내 삶이 달라졌다. 그중 가장 큰 변화는 내가 나에게 가장 좋은 것을 줄 수 있게 된 것이다. 그전까지 나는 좋아하는 사람 주변을 빙빙 돌면서 내 마음을 들킬까 봐 무관심한 척 눈길도 주지 않고 도도하게 굴었다. 혹시라도 내 마음을 들켰는데 거절당하는 경험을 하지 않기 위해서였다. 거절당하는 것에 대한 두려움으로 나는 도전하지 못한 것들도 많고, 늘 첫 번째가 아닌 두 번째의 것들을 선택했다. 엄마와 아빠를 갈망하는 마음을 가지면 거절감과 박탈감으로 돌아왔기 때문에 일찌감치 그 마음을 철수해버린 거다. 자라면서 정말 간절히 소유하고 싶은 것에 대해 부정하고 나에게 절대 실패나 좌절을 주지 않을 것들만 선택해왔다. 그 문제에 대한 분석이 이루어지고 나서 나의 삶엔 많은 변화가 생겼다. 원하는 것들이 구체적으로 많아졌고, 그것들을 얻기 위해 현실에 적극적으로 들어가서 물러서지 않고 그것을 쥘 수 있게 되었다.

이제 나는 더 이상 어린아이가 아니다. 나는 나에게 가장 좋은 것을 줄 수 있다. 나는 나를 위해 최고의 것을 선택할 수 있는 성인이다. 그래서 이제는 가장 좋은 것을 양보하지 않는다. 그리고 엄마의 옆자리도 양보하지 않는다. 엄마가 언니에게 작은 칭찬이라도 하면 "나는?" 하고 머리를 들이민다.

한번은 오빠와 함께 엄마가 계신 요양원에 가서, 엄마가 제일 좋아하는 소머리국밥을 사드린 적이 있다. 오빠에게 양보하고 싶지 않아서 내가 먼저 계산했다. 식사를 마치고 다시 요양원에 돌아왔는데 작은언니가 엄마한테 안부 전화를 했다.

"엄마, 아들이랑 딸이랑 가니까 좋아?"

"그럼, 좋지~"

"아들, 딸이 뭐 맛있는 거 사줬어?"

"응~ 아들이 소머리국밥 사줘서 먹었지~"

나는 자랑하는 엄마 손에 있는 휴대폰을 얼른 뺏고는 엄마의 허벅지를 때리며 물었다.

"엄마! 소머리국밥 누가 사줬어?"

"우리 아들이……."

"아들이 사준 거 아니거든! 내가 샀거든!"

"그랬냐? 네가 샀냐? 설이가 샀단다."

전화를 끊은 엄마 얼굴을 양손으로 감싸고 눈을 똑바로 보면서 나는 다시 확인시켰다.

"엄마, 소머리국밥 누가 샀다고? 오빠야, 나야?"

"너!"

"맞았어! 설이가 샀어~"

엄마가 어금니를 드러내며 환하게 웃는다. 내 입가에도 큰 미소가 생긴다.

무슨 웃음일까?

그깟 소머리국밥 한 그릇에 얼마 한다고 생색을 내겠냐마는 평생을 양보한 엄마의 옆자리를 이제는 더 이상 양보하지 않으려고 하는 짓이 엄마에게는 사랑 고백으로 느껴졌을 것 같다.

"냄새 나고 늙은 어미가 그렇게도 좋으냐?"

'그럼~ 엄마, 나 사실 옛날부터 엄마 좋아했었거든…….'

그날 엄마가 나를
밀어냈지만

2003년 나는 무의식의 세계와 함께 상담이라는 주제에 발을 담갔다. 안 그래도 편두통을 늘 달고 살았는데, 일주일에 한 번 하는 수업이 있는 날은 진통제를 두 배로 늘려도 통증이 가시지 않아서 고생을 많이 했다. 그렇게 3학기를 마치고, 개인상담과 집단상담을 받기 시작하면서 나를 몹시 당황스럽게 만든 생각이 있었다. 그건 내가 엄마를 좋아하지 않기로 언젠가부터 마음을 먹었다는 거다. 엄마를 좋아하지 않을 거고 엄마를 필요로 하지 않기로 했다는 말은, 사실 나는 엄마를 좋아하고, 엄마를 원하고 있다는 말이기도 하다.

아니! 난 미안하지만 엄마를 싫어한다. 언니들과 오빠는 "우리 엄마, 우리 엄마." 하며 '엄마바라기'들이지만 내가 느끼는 엄마는 다르다. 엄마는 뚱뚱하고 거칠다. 이모처럼 세련되거나 날씬하지도 않다. 애교도 없고 여자답지도 않다. 엄마는 나한테 미련 곰퉁이라고 하지만, 그러는 엄마는 하마 궁둥이다.

내가 엄마를 좋아하지 않는 것을 엄마도 잘 안다. 엄마가 먼 친척 집 잔치에 다녀오느라 하루 종일 집을 비웠다 돌아오시면 언니와 오빠는 대문 여는 소리만 듣고도 맨발로 뛰어나간다. 엄마를 반기는 건지, 엄마 손에 들린 떡을 기다린 건지 모르겠지만, 아무튼 난리법석이다.

"설이는? 설이는 집에 없어?"

"방에 있어. 설아~ 엄마 왔어!"

'어쩌라고… 난 엄마 하나도 안 기다렸는데!'

난 무심하게 TV를 봤다. 왜냐하면 난 정말 엄마를 전혀 기다리지 않았고, 엄마가 하나도 반갑지 않았기 때문이다.

"아이구~ 정 없는 년. 막내가 돼서 저렇게 애교도 없어요. 미련 곰퉁이 같은 년. 엄마 왔는데 내다 보지도 않고. 설이는 떡 주지도 마라!"

'먹을 생각도 없거든! 흥!'

나는 언제부터 이렇게 엄마한테서 마음이 돌아선 걸까? 오래전으로 시간을 거슬러 올라가본다. 아빠가 사우디로 2년간 노동자로 일하러 가 있는 동안 추운 겨울이면 우리 가족은 한 방에 옹기종기 모여 서로 몸을 붙이고 잠을 잤다. 저녁을 먹고 나면 언니는 방을 쓸고 닦은 뒤 무거운 이불을 몽땅 내려서 방 가득히 이불을 깔아놓았다. 차갑고 폭신한 이불 위로 오빠와 나는 온몸을 던져 팔다리를 휘저으며 철없는 장난을 치곤 했다. 머리맡에 요강과 주전자를 가져다놓는 것으로 취침 준비는 끝난다. 엄마가 여전히 부엌에서 설거지와 빨래를 하고 있으면 우리는 모두 내복으로 갈아입고 차가운 이불 속으로 쏙 들어갔다. 처음에는 몸이 덜덜 떨리도록 한기가 느껴지지만 조금만 기다리면 따뜻해졌다.

부엌과 연결된 작은 문 쪽은 오빠 자리, 그 옆은 엄마 자리다. 그리고 엄마 옆엔 내 자리, 마지막은 작은언니 자리다. 엄마가 들어오기 전에 나는 엄마 자리에 누웠다.

"야! 저리 가! 여기 엄마 자리야!" 오빠가 발로 내 엉덩이를 밀어낸다.

"엄마 자리 따뜻하게 만들려고 그러는 거야~" 나는 엄마가 들어오면 춥지 말라고 미리 엄마의 자리를 따뜻하게 녹여놓고 싶어서 다시 오빠 옆으로 바싹 다가갔다.

'엄마가 누우면 따뜻하다고 좋아하겠지?'

드디어 엄마가 일을 마치고 들어왔다. 찬물에 손은 꽁꽁 얼고, 온몸도 꽁꽁 얼었다. 엄마가 옷을 갈아입었을 때, 나는 얼른 내 자리로 돌아갔다. 그런데 따뜻하게 데워진 이불 속에 들어온 엄마는 아무 말 없이 나에게 등을 돌리고 눕는 것이 아닌가!

"엄마, 따뜻하지! 내가 엄마 따뜻하라고 데워놨는데……."

오빠를 향해 돌려버린 커다란 엄마의 등을 바라보며 나는 소심하게 한마디를 했다. 내 말을 들었는지, 못 들었는지, "등 돌리고 자! 그렇게 자면 찬바람 들어와! 어여 돌아누워!" 하는 엄마. 아무 말 못하고 내가 돌아눕자 얄미운 오빠가 "엄마~ 내가 손 녹여줄게~" 하며 엄마 손을 잡아주었다. '쳇! 어이가 없네. 그래. 니들끼리 잘 먹고 잘 살아라!'

엄마는 금세 코를 골았지만, 나는 분하고 원통해서 잠이 오지 않았다. 엄마에게 몸이 붙지 않도록 언니 옆으로 내 몸을 바짝 옮겼다. 이불 속으로 찬바람이 들어가든지 말든지 내가 알 바 아니다.

예전에 난 부탁을 절대 못 하는 사람이었다. 그러면서 거절도 절대 못 하는 사람이었다. '거절감'이란 감정을 내가 감당할 수 없었고, 다른 사람에게 거절감을 줄 수도 없었기 때문이다. 거절감은 그야말로 수치심 덩어리다. 부탁했을 때 상대가 거절한다는 것은 나의 존재를 거부하는 것으로 해석되었기 때문에, 그런 수치심을 느끼지 않으려고 아무리 힘들어도 부탁하지 않았다.

D씨도 그런 사람이다. D씨는 지갑이 넉넉하지 않으면 데이트도 나가지 못하고, 친구와 약속도 잡지 못한다. 그래서 데이트는 일주일에 한 번, 친구와의 약속은 한 달에 한 번만 가능하다. 돈이 없으면 싼 음식을 먹을 수도 있고, 가끔은 얻어먹을 수도 있는 건데, D씨에게 그런 일은 용납이 안 된다. 회사에서 부탁을 받으면 거절하지 못해 자기 일이 아닌데도 야근하는 일이 많다. 하지만 정작 본인에게 사정이 생길 때는 주변에 도움을 청할 수 있는 사람이 아무도 없다.

D씨는 특별한 용무 외에 절대 먼저 전화를 하는 일이 없다. 그의 휴대폰은 수신용이지 발신용이 아니다. 같이 밥 먹자거나 술 한 잔 하자는 전화도 할 수 없다. 거절당할 수도 있기 때문이다. 그렇다 보니 자신이 원하는 때에 만나지 못하고 상대가 원하는 때엔 귀찮아도 거절 못해 나가게 되는 것이다.

"지난주에는 퇴근하면서 왠지 허전하고 답답해서 아무나 만나서 술 한잔 하고 싶더라고요. 그럴 때 다른 사람들은 여기저기 전화해서 만나자고 하면 어떻게든 약속이 잡히던데, 전 아무리 연락처를 다 봐도 한 사람한테도 못 거는 거예요."

"왜요?"

"글쎄요……. 다들 가정이 있고, 피곤할 것 같고."

"그 사람들 중에 자기들이 술 마시고 싶을 때 D씨한테 나오라고 했던 사람들도 있을 것 아니에요? 그 사람도 떠오르지 않던가요?"

"그러게요. 그 사람들은 아무렇지도 않게 전화하던데… 저는 못 하겠어요. 거절당하는 게 싫어서 그런가?"

"거절당하면 어떻길래요?"

"너무 창피하죠."

"창피하다고요?"

"내가 매달리는 것 같고, 구질구질하게 집착하는 것 같고, 끈적끈적하게 구는 것 같고……."

D씨는 눈시울이 빨개지면서 나오는 눈물을 커다란 손으로 막았다. 한참 동안 말을 잇지 못하다가 겨우 입을 열었다.

"끈적끈적하다는 단어가 입에서 나오는데, 어릴 때 한 장면이 떠올랐어요. 학원 마치고 엄마랑 신발 사러 가기로 해서 마치자마자 한걸음에 버스 정류장으로 달려갔어요. 엄마가 벌써 와서 버스 정류장에 서 있더라고요. 주변에 다른 사람들도 많고 또래 애들도 버스를 기다리고 있었는데 제 눈엔 예쁜 우리 엄마만 보였어요. 너무 반가워서 '다다다다' 뛰어가 뒤돌아 있는 엄마의 허리를 덥석 끌어안았죠. '엄마!' 하고 놀래줄 생각이었어요. 그런데 엄마가 마치 저를 징그러운 벌레처럼 떼어내곤 '야! 놀랐잖아!' 하면서 저를 밀어내곤 등짝을 아프게 내리쳤어요. 사람들은 다 나를 쳐다봤죠. 내 모습은 오그라든 송충이 같았어요. 얼굴은 더위에 뛰어와서 땟물이 졸졸 흐르고, 몸에선 땀냄새가 폴폴 나고, 운동화는 다 떨어져서 엄마가 창피할 만하다고 생각했죠. 신발을 사러 가는 동안 저는 내내 엄마에게서 멀찍이 떨어져 걸었어요."

부모의 거절은 아이에게 분노가 아닌 수치심으로 남는다. 분노는 수치심을 가리기 위한 방패일 뿐이다. 거절을 할 수도 있고, 거절을 당할 수도 있다. 잘 생각해보라. 거절을 할 때, 그 사람의 존재 자체를 밀어내고 싶어서 거절하는지를. 그렇지 않다. 내 사정 때문에 거절할 수 있다. 거절하는 것과 수치심을 주는 것은 다르다. 상대의 선한 의도, 진심까지 내동댕이치는 것이 수치심을 주는 것이다. 수치심으로 인한 자기 비난은 자기를 사랑할 수 없게 만들거나 자신을 존중해주는 사람을 믿지 못하는 것으로 드러나게 된다.

엄마를 싫어한다고 말했던 어린 날의 나는 이제 그 마음이 얼마나 엄마를 원했던 마음인지 잘 안다. 늙은 엄마의 볼을 부비면서 엄마를 사랑하고 엄마에게 사랑받고 싶은 내 마음을 솔직하게 드러내게 된 지금의 내가 좋다.

5
자식의 삶, 부모의 삶

흔들리는 부모와 사는 아이들은
흔들릴 수밖에 없다.
부모는 두 가지 측면에서
자녀들에게
울타리가 되어주어야 한다.
하나는 공감과
수용이라는 따뜻함이고,
다른 하나는 단호함과
일관성같은 견고함이다.

우리 엄마가
저장강박이라고?

아빠가 하늘나라에 가신 뒤 내내 씩씩하게 혼자서 지내시던 엄마가 더 이상 혼자서는 아무것도 할 수 없게 되셨다. "내 손으로 밥 끓여 먹을 수 없을 때까지 난 절대로 너네한테 의지 안 할 거다."라고 큰소리치셨는데 골반 뼈가 부러지면서 혼자서는 화장실조차 갈 수 없게 된 것이다.

엄마를 보면서 '인생엔 총량의 법칙이란 게 있나 보다.' 하는 생각이 든다. 그 총량을 다 채워야만 생을 마칠 수 있는…….

아빠가 파킨슨병을 앓다가 세상을 떠나신 뒤부터 엄마는 드디어 엄마만의 인생을 살 수 있게 되었는데, 그 삶을 누려보지도 못하고 저리 되셨다. 엄마는 자리에 눕기 전까지 남아 있는 시간이 많지 않다는 것을 아셨는지 하루가 모자랄 정도로 많은 것들을 소유하고, 많은 것들을 하면서 보내셨다. 우린 몰랐다. 엄마가 그런 사람인지……. 그렇게 하고 싶은 게 많고, 그렇게 가지고 싶은 것이 많은지 정말 몰랐다. 아빠가 떠나시자 집 안이 온통 꽃과 나무로 가득해졌다. 분명 돈 주고 사왔을 리는 없고, 어느 집에서 유행이 지나버린 것들을 주워다가 정성스레 닦아서 놓은 것 같다. 저렇게 크고 무거운 화분을 어떻게 끌고 왔을까……. 엄마의 나무엔 사계절 꽃이 피어 있었다. 왜냐하면 나무 옆에 조화를 박아놓았기 때문이다. 화분에 물을 주고, 예쁜 돌멩이도 주워다가 흙 위에 올려놓더니, 작은 새 인형까지 구해서 나무 위에 올려놓았다. 엄마가 이렇게 인테리어에 취미가 있는지 몰랐다.

그다음엔 물고기와 새다. 어항을 정성스럽게 닦고, 그 안을 용궁처럼 꾸며놓고는 제일 싸고 흔한 빨간 붕어를 사다가 넣어놓았다. 이왕 키울 거면 예쁘고 귀여운 물고기를 키우라고 해도 '오래 사는 놈'이 제일 좋으시단다. 좁은 집에 여섯 식구가 살면서 인테리어는커녕 변변한 가구 하나 없이 산 것이 한이 되었던 걸까. 드라마에서 보이는 것처럼 거실에 나무도 키우고, 꽃병에 꽃도 꽂아 탁자 위에 올려놓고, TV 옆에 어항도 놓고 사시고 싶었나 보다. 아이들 모두 독립해서 나가니 손자들 키우느라 미루었던 것, 손자 키워 내보내니 병든 남편 병시중하느라 미루었던 것들을 이렇게 하고 싶으셨나 보다.

그러나 엄마의 행복한 시간을 멈추게 한 주범은 바로 그 어항이다. 물을 갈아주려고 무거운 어항을 들다가 넘어지신 거다. 나이 탓인지 골반 뼈가 부서져서 큰 수술을 하시곤 그 뒤로 못 일어나신다. 그놈의 물고기들… 결국 일을 냈네. 화장실 가는 것까지 당신 혼자 할 수 없는 시간이 점점 길어지면서 엄마는 하나둘씩 못 다 채운 시간들을 내려놓기 시작했다. 우리도 엄마가 스스로 아무것도 할 수 없다는 것을 받아들이고 작은언니 집 근처 요양원으로 모시기로 결정했다. 살아 있는 엄마의 물건을 정리하게 될 줄은 몰랐다. 그리고 엄마가 이렇게 많은 물건을 소유하고 있는 줄도 몰랐다.

엄마가 손보았을 것으로 보이는 형형색색의 우산만 오십 개. 김장 항아리에 김치를 눌러놓을 수 있는 매끈한 돌덩어리 스무 개. 다양한 종류로 여기저기 흩어져 있는 조화들. 각종 동물 인형들. 한가롭고 여유 있는 사람들 집에서나 볼 수 있는 유행 지난 인테리어 소품들. 작은 여자아이의 리본 달린 분홍 구두. 젊은 아가씨들이나 신을 수 있는 굽 높은 구두. 도무지 용도를 알 수 없는 나무막대기와 판자들. 어찌나 잘 보관해두었는지 그런 어마어마한 물건들은 눈에 띄지 않아 존재를 몰랐다.

그나마 다행이다. 명색이 딸이 심리상담사인데, 엄마가 저장강박장애라면 등잔 밑이 어두웠다고 죄책감을 가졌을 거다. 잘 정돈되고 분류된 걸 보니 저장강박장애는 아닌 것 같다.

물건 하나하나를 분류해서 쓰레기봉투에 담으면서 엄마의 잃어버린 시간의 소리들을 들었다.

"엄마, 내 우산은 없어?"
"오빠랑 같이 쓰고 가~"
"에이! 싫어. 나 그냥 비 맞고 갈래!"

"엄마, 운동화 말고 구두 사면 안 돼? 저기 저 구두……."
"저게 뭐가 예쁘냐? 촌스럽기만 하구만… 저런 구두는 금방 찢어져서 못써! 운동화가 질기지. 어여 이 운동화나 신어봐!"
"피~"

"이 인형들은 다 어디서 났어? 정신없게!"
"언니 친구가 이제 중학생이라 필요 없다고 준 거야. 버리지 마~ 이제 내 거야!"
"으이그… 집에 그런 인형 있어봤자 먼지만 쌓이지, 그딴 건 왜 받아와가지고……."

당시 우리 집에는 청소하기 쉬운 '유리상자 안에 있는 인형'만 허용되었기 때문에 인형을 안아보거나 만져볼 수 없었다. 그리고 사실 난 그 인형 눈이 너무 무서워서 밤마다 잠들기 힘들었다.

'꼴도 보기 싫은 저 인형이나 버려버리지!'

인형 사달라, 구두 사달라, 우산 사달라, 장화 사달라… 어릴 때 떼쓰며 사달라고 했던 것들이 열어보지도 않을 엄마의 장롱 속에 한가득 들어 있었다. 말은 그렇게 했어도 그게 맘에 걸리셨던 모양이다. 자식들이 해달라고 하는 것은 어떻게든 해주고 싶은 게 부모 마음일 텐데, 엄마는 굶기지 않고 사남매 모두 대학까지 공부시키고 말겠다는 마음 때문에 아마 한쪽 귀는 닫고 살아야 했을 거다. 그리고 이것들은 엄마가 어린 시절에 가져보지 못한 물건이기도 할 거다.

예쁜 리본 달린 분홍 구두를 주워다가 깨끗이 닦으면서 엄마는 어떤 생각을 했을까? 그 구두는 엄마가 어릴 때 신어보고 싶은 구두였을까, 아니면 딸들에게 신겨주고 싶은 구두였을까……. 그렇게 그 예쁜 구두는 장롱 속에 갇혀서 엄마의 텅 빈 가슴 한쪽을 채워주고 있었다.

"엄마 뭐 해? 안 심심해?"

"바빠! 심심할 새가 어디 있어?"

병 수발할 아빠도 안 계시고, 돌봐줄 손자도 없고, 자식도 다 제 길을 갔으니 이제는 좀 쉴 만도 한데, 괜한 일을 만들어 고생하는 것 같아 아무리 잔소리를 해도 소용이 없었다. 엄마는 그렇게 넓은 집 안 가득히 텅 빈 가슴을 채우고 나자 나머지 것들을 찾기 위해 집 밖으로 나갔다. 노인복지관에서 춤도 배우고 노래도 부르며 길 것 같은 하루를 짧게 보냈다. 그동안은 야외에서 숟가락을 들고 했던 〈이수일과 심순애〉 공연을 이제는 무대에서 제대로 할 수 있게 되었다. 이런저런 '연예계 활동'을 하시느라 하루도 집에 앉아 있을 틈이 없었다.

젊은 시절 엄마는 1년에 단 한 번 놀 수 있었다. 회사에서 야유회를 가던 날. 그날이 다가오면 엄마는 일주일 전부터 거울 앞에 서서 "김중배의 다이아몬드 반지가 그리도 좋더냐!" 하며 〈이수일과 심순애〉 연습을 했다. 평소에 안 입는 청바지를 이리 자르고 저리 붙이며 엄마 몸에 딱 맞게 수선을 하고, 입었다 벗기를 반복했다. 배를 가릴 만한 옷을 찾다가 없으면 결국 굳게 닫힌 지갑이 열리기도 한 유일한 날이었다. 저렇게 좋을까……. 그렇게 1년에 딱 한 번 '엄마의 날'이 지나가면 엄마는 그 힘으로 다시 1년을 버티곤 하셨다. 그런 엄마가 복지관에 다니실 동안에는 매일 놀고 또 놀았다.

"너네 아빠가 한가해서 노는 거지, 나 같은 게 놀 시간이 어디 있냐?"고 짜증스럽게 투덜거리시더니 엄마 인생에도 한가할 때가 찾아온 거다.

평생 운전을 업으로 하셨던 아빠는 관광버스에 트럭 운전을 하면서 팔도강산뿐 아니라 외국 여행도 많이 다니며 후회 없는 삶을 살았다. 아빠는 돌아가시기 전, 수건으로 얼굴을 닦아주는 엄마의 귓전에다 대고 "여보, 난 잘 놀다 먼저 가요."라고 하셨다. 그 말에 약이 바짝 오른 엄마가 누워 있는 아빠 얼굴에 수건을 냅다 던졌다.

중학교 교복을 입지 못한 게 평생의 한으로 남아 있는 엄마는 여덟 살 때부터 외삼촌과 살림을 거들기 위해 엿이나 찹쌀떡을 지고 철길을 넘어 다녔다. 아궁이 앞에서 그을린 나뭇가지로 혼자 알파벳을 익히고, 교복 입고 학교에 가는 애들이 부르는 노래를 담장에 숨어서 배워야 했다. 하지만 엄마는 그 누구보다 영리하고 재주가 많은 사람이다. 아빠가 돌아가시고 나서 엄마도 아빠의 유언처럼 잘 놀다 가고 싶으셨나 보다. 일생에 해보고 싶은 총량을 다 채우고 싶으셨나 보다. 갈 때마다 곳곳에 엄마가 공연했던 화려한 사진들이 하나씩 늘어나고 손자 손녀 사진은 밀려나기 시작했다. 어금니 끝에 금니까지 보이도록 환하게 웃는 엄마의 사진, 엄마의 잃어버린 시간들이다.

엄마가 주워오고 모아온 그것들은 엄마에겐 쓰레기가 아니다. 엄마의 잃어버린 시간이고 가슴 깊이 묻어버린 아픔이다. 그리고 엄마의 꿈이다. 사용 여부에 관계없이 어떤 물건이든 버리지 못하고 쌓아두는 것을 '저장강박'이라고 한다.

　저장강박을 호소하는 내담자들이 모든 쓰레기를 집에 가져오는 것처럼 보이지만, 사실 모아둔 물건들을 자세히 들여다보면 그 안엔 '애도되지 못한 상실'이라는 스토리가 있다. 냉동실에 모아둔 먹지 못한 음식물들, 온갖 종류의 단추와 천 쪼가리들, 입지도 못할 옷들, 오래된 신문들에는 충분히 애도하지 못한 시간들이 담겨 있다. 일반인들 눈엔 쓰레기이지만, 그들에게는 소중한 보물이다. 어떤 할머니가 모아둔 영자 신문은 잃어버린 당신의 열정이고, 어떤 아주머니가 모아둔 각종 단추들과 천 쪼가리들은 한 번도 이뤄보지 못한 당신의 꿈이다. 냉동실에 모아놓은 음식물 쓰레기가 누군가에겐 배곯다 죽은 동생에 대한 애도이고, 입지도 못할 옷가지들이 누군가에겐 얇은 옷 하나만 걸치고 집을 나가버린 자식에 대한 죄책감이다. 잃어버린 사람, 잃어버린 꿈, 잃어버린 추억 들을 담은 물건들은 그것들을 충분히 애도하기 전엔 결코 쓰레기처럼 버릴 수 없는 것들이다.

　잘 생각해보면 누구에게나 그런 물건들은 있다. 그 물건들이 상징하는 기억을 따라가다 보면 내가 상실한 것과 만날 수 있다. 이것 역시 애도 총량의 법칙인 것 같다. 충분히 애도하지 못한 것들은 이렇게라도 남아서 슬픔의 자리를 메우려고 한다. 그래서 저장강박은 쉽게 치료되지 않는다. 왜냐하면 스스로가 치료되길 원하지 않기 때문이다. 치료가 된다는 것은 소중한 무언가를 이제 떠나보내야 한다는 말이기도 하기 때문이다.

소중한 것을 잃어버린 사람에게 섣불리 심리상담을 권하면 안 되는 이유가 바로 여기에 있다. 그들은 아직 그 소중한 무엇을 떠나보내고 행복을 찾아 여행을 한 걸음 떼고 싶지 않다. 그들은 오히려 상실감 속에 더 오래 머물고 싶어 하는 것이다.

이럴 줄 알았으면 엄마의 물건들을 그렇게 무심하게 대하진 말 걸 그랬다. 엄마의 상실감에 좀더 같이 머물러줄 걸 그랬다. '엄마, 미안해. 아픈 다리를 이끌고 왜 그렇게 무거운 걸 주워 왔는지 몰랐어. 쓰지도 못할 것을 왜 열심히 닦느냐고 짜증 내서 미안해요. 엄마 물건 너무 빨리 버려버려서 미안해요.'

난 울타리가 필요해요

　　정신분석가 도널드 위니캇은 울타리로서의 아버지 역할 두 가지를 강조했다. 하나는 엄마와 아기에게 정서적인 안정감을 주는 울타리로서의 역할이다. 울타리가 되어주어야 하는 아빠가 부재하거나 제 기능을 하지 못하면 엄마는 아이를 충분히 안아주기 어렵고 아이에게 적절히 반응해주기도 어렵다. 절대적으로 의존할 수밖에 없는 아기와 그 아기에게 몰입해야 하는 엄마에게는 정서적이고 환경적인 울타리가 필요하다. 이 울타리가 없으면 엄마는 안 그래도 산후에 생리적으로도 불안정한 상태에서 정서적, 환경적인 것까지 모두 떠안아야 하기 때문에 흔들린다. 엄마의 흔들림이 아기에게는 우주의 흔들림이다. 전능감을 충분히 누려야 하는 중요한 시기에 아이는 엄마와 함께

위축되고 만다. 울타리로서의 아빠의 기능은 사실상 평생 중요하겠지만, 엄마의 임신과 출산, 그리고 아기의 인격 형성을 거의 마칠 시기인 5~6세까지 특히 큰 의미를 갖는다.

아기에게 세상은 모두 자기중심으로 돌아가야만 하고, 아기는 엄마를 우주 그 자체로 바라본다. 스스로 아무것도 할 수 없는 작은 아기가 오직 엄마만을 바라볼 때, 세상에서 처음 그런 관계를 경험하는 엄마는 얼마나 두렵겠는가? 이때 엄마가 그것을 견뎌낼 수 있게 해주는 울타리가 필요한 것이다.

아빠는 우리에게 이 첫 번째 울타리가 되어주지 못했다. 임신한 엄마는 우리 사남매를 키우면서 집에 들어오지 않는 아빠에 대한 분노와 서러움에 눈물 지으셔야 했다. 남편 없이 홀로 아이들을 양육하는 것만으로도 버거운 일인데, 양식, 난방비, 병원비 걱정까지 떠안고 있었으니, 고만고만한 아이들을 보면서 어떻게 편안한 미소로 반응해줄 수 있었겠는가! 한 방에 줄지어 잠들어 있는 자식들을 보면서 입을 틀어막고 울기도 많이 울었을 거다.

나는 안다. 엄마가 언제 어금니를 보이며 크게 웃는지를. 엄마가 언제 따끈한 아랫목에 이불 덮고 드라마를 보며 한가로운 시간을 보낼 수 있는지를. 언제 빨래를 하면서 콧노래를 부르시는지를. 언제 밥을 지으시면서 다정한 목소리로 가족들을 불러 모으시는지를. 그럴 때가 아주 없진 않았다. 그때는 아빠가 울타리가 되어주었을 때다. 아빠의 사랑과 돌봄을 받으셨을 때다.

엄마는 낙천적이고 긍정적인 사람이다. 용기 있고, 적극적이고, 화통한 사람이다. 아빠가 엄마를 아껴주고 곁에 머물러 줄 때, 엄마는 엄마의 춤을 춘다. 하루 종일 아기와 씨름하느라 자지도 못하고 먹지도 못해 심신이 지쳐 있을 때 "여보, 내가 이 녀석 데리고 놀이터에서 놀다 올 테니 당신 좀 자~ 올 때 저녁 사가지고 올게."라고 퇴근하는 남편이 연락을 해오면 또 하루를 견딜 수 있다. 속 썩이는 사춘기 아들 때문에 절망감에 빠졌다가도 "여보! 저놈의 자식, 이제 밥 주지 마라. 우리끼리 맛있는 것 먹고 영화 보고 오자~"라고 위로하고 격려하면 그 폭풍도 지나간다.

우리 엄마는 아빠에게 기대지 못하고 자식들을 키우면서 때론 딸들에게, 때론 아들에게 울타리가 되라고 했다. 어린 언니들과 오빠는 아빠가 서 있어야 하는 자리에 서서 엄마의 분노를 담아내야 했고, 슬픔도 위로해야 했다. 사실 막내인 나에게까지 그 역할은 돌아오지 않았지만, 화와 슬픔을 뿜어내는 엄마와 오직 엄마의 감정에만 집중되어 있는 가족들에게 '나도 좀 봐줘~'라고 말할 자리는 없었다.

위니캇이 말한 아빠의 두 번째 기능은 엄격하고 강하게 규율을 주는 아빠다. 아빠가 존재한다는 것만으로도 아이는 피할 수 없는 좌절을 경험한다. 아빠라는 존재가 있어서 엄마를 독차지할 수 없고, 아빠의 엄격한 규율로 인해 엄마라는 한없이 수용되는 세계에서 빠져나와 현실이라는 한계를 알아차리게 되는 것이다. 세상은 온통 자기중심으로 돌아가야만 하고 엄마는 그런 세상이 되어주어야 하는데, 그사이에 의도하지 않아도 필연적으로 방해자가 되고 한계점을 주는 제삼자가 아빠이다. 한없이 수용해주는 엄마와의 관계에서는 아이가 자신의 주관적인 세계에서 빠져나올 수 없다가 아빠라는 현실에 부딪히게 되면서 객관적인 세계를 발견하게 된다는 것이다. 예컨대, 나이 서른이 넘도록 취업할 생각은 안 하고 부모한테 사우나 할 돈까지 받아서 사는 사람을 보며 "아직도 현실감이 없어서 그래!" "언제까지 엄마, 아빠 피 빨아 먹고 살래?" "지 엄마, 아빠가 평생 늙지도 않고 언제까지나 뒷바라지 해줄 수 있을 줄 아나 봐……."라고 하는 말들이 바로 이런 경우를 두고 하는 말이다. 독립할 나이가 되면 부모에게 용돈을 받는 것을 스스로 미안하고 수치스럽게 여기는 것이 자연스럽다. 어느 정도 나이가 들면서 가정 형편이라는 것도 궁금해지고, 부모에 대한 배려심도 생기고, 집안일에 대해 관심도 생긴다면 성숙으로 가고 있다고 보아야 할 것이다. 하지만 평생을 부모나 배우자, 형제나 심지어 자식에게까지 의존하면서 세상을 자기중심적으로 살아야만 직성이 풀리는 사람들이 많다. 세상의 모든 사람들을 자신의 나르시시즘을 충족시켜줘야 할 대상으로 사용하는 사람들. 이 나르시시즘을 좌절시키는 존재가 바로 '아빠'다.

걱정되는 것은 요즘 세대들이 이런 아빠의 기능을 스스로 포기한다는 것이다. 가정에서 원하는 아빠는 이제 친구 같은 아빠다. 꼰대 같고 권위적이고 남성우월적인 아빠의 모습은 지양해야 하지만, 세상이 온통 자기가 원하는 대로 다 돌아가야 한다고 떼를 쓰는 아이에게 "안 돼!"라고 말해줄 수 있는 엄격한 목소리도 필요하다. 엄마가 아이 앞에서 아빠에게 막말을 하며 꾸짖는데 아이가 엄마에게 함부로 말하는 것을 누가, 어떤 말로 통제할 수 있을까. 나중에 엄마에게 욕을 하고, 폭력적인 모습을 보인다 해도 아이를 통제할 어른은 집에 없으니 말이다. 엄격한 아빠의 역할은 자녀에게 집안에 좋은 어른이 있는 것과 같은 안정감과 울타리가 되어준다. 만약 아빠가 부재할 수밖에 없는 상황이라면 엄마나 다른 보호자가 이 두 가지 기능을 다 해줘야 하기 때문에 힘이 드는 것이다.

울타리야,
제발 거기 가만히 좀 있어!

어릴 때 신림동 골목길에서 놀다 보면 해가 지는 줄도 몰랐다. 어두워지면 고무줄과 딱지를 들고 가로등이나 여인숙 불빛 아래로 자리를 옮겨서 놀이를 계속한다. 이윽고 이 집 저 집에서 아이들을 부르는 소리가 들린다.

"수미야! 얼른 들어와서 밥 먹어!"

"선영아! 아빠 오셨다! 혼나기 전에 얼른 들어와서 손 씻고 밥 먹어!"

"진수야, 진우야! 아빠 오실 시간 다 됐는데 숙제해 놨어?"

엄마들이 골목에서 소리를 지르는 시간은 주로 아빠들이 퇴근하고 돌아오는 시간이다.

한 명 두 명, 엄마의 손에 이끌려 아쉬움을 뒤로하고 집으로 돌아간다.

"내일 또 놀자~"

끝까지 남아 있는 아이가 있다. 아무도 저녁 먹으라고, 숙제 하라고, 씻으라고 부르지 않는다. 혼자 남아서 딱지를 챙기고, 의미 없이 전봇대를 몇 바퀴 돌다가 집으로 돌아가곤 했던 남자아이.

"넌 좋겠다, 늦게까지 놀 수 있어서."

이사 갈 때쯤에야 알게 되었다. 그 아이는 태어날 때부터 아빠가 없었고, 엄마는 술집에서 일을 해서 밤 12시나 되어야 집에 온다는 것을······. 저녁 먹을 때까지 놀고 있다고 야단쳐줄 아빠가 없었던 거다. 밥 먹으라고 불러줄 엄마도 돈 벌러 나가서 없었던 거다. 그 아이는 엄마의 손에 질질 끌려가며 아쉬운 한숨을 쉬는 우리를 보며 무슨 생각을 했을까? 숙제 안 했다고 등짝 맞는 우리가 얼마나 부러웠을까? 밥 짓는 냄새와 아빠의 굵은 목소리가 흘러나오는 따뜻한 집이 자기 집이었으면 하지 않았겠는가······.

집이란 울타리는 이런 것이다. 단칸방이어도 좋고, 밥에 된장찌개 한 가지가 있는 초라한 밥상이어도 괜찮다. 걱정을 해주고, 밤 되면 돌아갈 곳이 되고, 야단도 쳐주는 그런 곳이 집이다.

우리 집 울타리는 흔들리는 울타리였다. 아빠는 잘생기고 재미있는 분이다. 그리고 무엇보다 (엄마는 이 부분을 제일 못마땅해했지만) 돈을 잘 쓴다. 아주 잠깐이긴 하지만 내가 초등학교 4학년이 되기 전까지 퇴근하는 아빠의 손에는 언제나 양손 가득 뭔가가 들려 있었다. 엄마한테 야단을 맞아도 그랬다. 물론 집에 들어오지 않는 날이 더 많아서 매일 맛있는 것을 먹은 것은 아니지만…….

골목에서 놀고 있는데, 아빠가 내 이름을 부르면 왜 그런지 심장이 콩닥콩닥 뛰면서 흥분되었다. 엄마나 언니가 부르는 것보다 아빠가 내 이름을 부르는 게 왜 그리 좋았을까? 함께 놀던 동네 아이들은 아빠보다 아빠 손에 들려 있는 봉지에 눈이 간다. 그 봉지엔 엄마는 사주지 않는 과자, 빵, 삼겹살, 만두 그리고 노란 봉투에 든 통닭 같은 것들이 들어 있었다.

나는 달려가서 아빠 손에 든 봉지를 받아들고 어깨를 으쓱이며 집으로 들어갔다. 온몸이 전기가 흐르는 듯 흥분되고, 발은 저절로 춤을 춘다. 봉지가 찢어질 듯 팔은 흔들린다. 빨리 집으로 들어가서 "엄마, 아빠 오셨어!"라고 가족들에게 알려주고 싶다. 아빠는 이런 존재다. 해가 지고 골목이 어두워져서 모두들 안전한 울타리 안으로 들어가고 싶을 때 그 울타리가 되어주는 존재.

나의 울타리는 잠깐 있다가 사라지고, 또 갑자기 나타났다가 사라졌다. "울타리야, 제발 거기 가만히 좀 있어!" 하고 아빠를 집에 묶어두고 싶었는데……. 너무 일찍 나의 울타리는 영원히 하늘나라로 가버렸다. 난 지금도 가끔 그 울타리가 필요한데 말이다.

상담자는 내담자에게 엄마와 같은 따뜻한 젖가슴과 아빠와 같은 단단한 울타리가 되어야 한다. 한없이 수용해주기만 하면 내담자는 현실세계에 적응하지 못하고 평생 상담을 그만두지 못할지도 모른다. 그 울타리는 때론, 50분이라는 상담 시간, 예약된 시간이라는 한계, 비용 지불이라는 구조가 되기도 한다. 상담실은 현실과 판타지가 공존하는 곳이다. 어디서 이런 공감과 수용을 받을 수 있을까 할 만큼 판타지 같은 곳이지만, 동시에 한계가 있고 필연적인 좌절이 있는 냉혹한 현실이다.

내담자들은 이 판타지를 통해 교정적 정서 체험을 하지만, 상담실 밖을 나가는 순간 다시 현실에서 자신의 삶의 씨름을 해야 한다. 이렇게 둘 사이를 왔다 갔다 하면서 자아는 현실을 극복할 힘을 얻게 되고, 그러면서 점점 성숙해져 더 이상 판타지에 머물지 않아도 되는 어른이 되는 것이다.

흔들리는 부모와 사는 아이들은 흔들릴 수밖에 없다. 부모는 두 가지 측면에서 자녀들에게 울타리가 되어주어야 한다. 하나는 공감과 수용이라는 따뜻함이고, 다른 하나는 단호함과 일관성 같은 견고함이다. 부모가 울타리 역할을 잘해주면 성인이 되어 훨훨 자신의 삶을 살다가 한 번씩 힘들 때 다시 울타리 안에 잠시 머물다 갈 수 있다.

너네 아빠냐?
내 아빠지!

    나는 아빠를 참 좋아했다. 아주 어릴 때 아빠는 개인택시를 하셨는데, 엄마는 12시가 넘어서 집에 들어오시는 아빠를 기다리자고 했다. 집에 퇴근하고 돌아온 아빠를 반갑게 맞아줄 사람이 필요했던 거다. 언니, 오빠는 다음 날 학교를 가야 하니 늦잠을 자도 되는 나를 꼬드겼던 것 같다.

    "설아, 아빠 일하고 들어와서 다 자고 있으면 서운해하니까, 네가 자지 말고 아빠 기다렸다가 아빠 오면 반갑게 인사해라~ 그러면 아빠가 얼마나 좋아하겠니?"

    잠이 살짝 들려고 하면 엄마는 계속 내가 잠들지 못하게 깨웠다.

    나도 아빠를 기다리는 게 싫지 않았는데, 그 이유는 퇴근한 아빠의 손에는 언제나 맛있는 것들이 들려 있었기 때문이다. 커다란 맘모스빵 같은 것. 그리고 잠들지 않고 아빠를 기다려 준 것에 대해 "설이밖에 없네."라고 말하며 기뻐하는 모습도 좋았다. 어쩌다 술이라도 드시고 와서 기분이 더 좋은 날이면 까칠까칠한 수염이 있는 얼굴을 내 얼굴에 부비면서 장난을 치셨는데, 싫은 척 얼굴은 돌렸지만 나는 은근히 그 특혜를 즐겼다.

"잠꾸러기 언니, 오빠는 주지 말고 우리 설이 혼자 이거 다 먹어라~"

아침에 아빠가 출근을 할 때도 엄마는 아빠 차가 있는 곳까지 배웅을 가라고 내 등을 떠밀었다. 그것도 나는 좋아했다. 왜냐하면 아빠 차에 가면 항상 '쥬시후레쉬, 후레쉬민트, 스피아민트' 롯데껌 시리즈가 있었고, 아빠는 그것들을 내 손에 가득 쥐어주시고 보너스로 50원짜리 동전을 하나씩 주셨기 때문이다.

아빠가 택시를 그만두고 버스 운전을 하셨을 때도 엄마는 비가 오는 날이면 언제나 나에게 아빠 마중을 가라고 하셨다. 나는 우산을 들고 버스 정류장에 가서 아빠를 기다렸고 나를 본 아빠는 반가워서 골목 만두집이나 통닭집에 꼭 들르셨다. 네모난 얇은 나무판 같은 곳에 김이 모락모락 나는 만두나 누런색 봉투에 든 통닭을 사려고 비 오는 날 시장에 서 있던 것도 아빠에 대한 소중한 추억이다.

아빠가 퇴근하고 집에 들어와도 엄마는 집안일을 하느라 아빠 밥상 앞에 잠깐 앉아 있는 것조차 하지 않으셨다. 그러고는 엄마가 있어야 할 그 자리로 나의 등을 떠밀었다.

"네 방에 쏙 들어가지 말고 아빠 식사 다 드실 때까지 옆에서 말동무도 해드리고 그래라."

아빠 옆에서 아빠가 좋아하는 명화극장을 같이 보고, 오목도 두고, 다리도 밟아드리고, 담배 심부름도 했다. 아빠는 기분이 좋은 날엔 재떨이 옆에 쏟아놓은 동전들을 엄마 몰래 나한테 밀어주기도 하고, 담배를 사고 남은 거스름돈을 몽땅 주기도 하셨다.

아빠를 즐겁고 편하게 해주어야 아빠가 집에 잘 들어오고, 아빠가 집에 잘 들어와야 엄마가 아빠한테 화를 안 내고, 그래야 엄마랑 아빠가 싸우지 않기 때문에, 나는 두 사람 사이에서 평화의 희생양이 되었다.

그렇다고 아빠가 마냥 편하진 않았다. 여느 아이들처럼 아빠한테 매달린다거나 애교를 부려보지 못했고 아빠가 뭐 먹고 싶은지 물어봐도 쭈뼛쭈뼛 남의 집 아이처럼 굴었으니까……. 엄마는 그런 나에게 '꿔다 놓은 보릿자루' 같다며 아빠에게 애교 없는 것에 대해 항상 불만을 토로하며 다른 집 아이와 비교

했었다.

초등학교 3학년 때의 일이다. 아빠가 돈을 벌기 위해 사우디에 나가셔서 우리와 떨어져 지낼 때였다. 당시엔 국제전화가 비쌌기 때문에 우린 서로 목소리를 녹음해서 편지처럼 주고받았다. 아빠의 테이프가 도착하면 온 가족이 카세트 앞에 둘러앉아 아빠의 목소리에 귀를 기울였다. 아빠는 성경 구절을 낭독해주기도 하고, 그곳에서 있었던 재미있는 사건들을 말해주기도 했다. 큰 트럭 앞에서 한 손을 허리춤에 올려놓고 선글라스를 쓰고 서 있는 아빠가 어찌나 자랑스럽고 멋있게 보였는지 모른다. 난 당시에 아빠를 노동자라고 생각하지 않고 외국에 파병 나간 장교 정도로 생각했던 것 같다. 테이프에 담긴 아빠의 목소리는 성우처럼 차분하고 따뜻했다. 아빠는 가족들 한 명 한 명을 옆에 있는 것처럼 부르고 각자에게 당부의 말씀을 하셨다.

"준하는 동생 괴롭히지 말고……"
"설이는 엄마 말씀 잘 듣고 공부 열심히 해야 한다."

아빠가 내 이름을 언제 부르는지에만 귀를 쫑긋 세우고 기다렸다가 내 이름이 불리면 그게 뭐라고 하루 종일 우쭐대며 기분이 좋았다.

2년이 지나 귀국하시던 날. 엄마는 아침 일찍부터 나에게 미션을 주고 연습을 시켰다.

첫 번째 미션: 아빠를 보면 큰 소리로 "아빠~" 하고 부른다.
두 번째 미션: 아빠에게 달려가서 아빠의 목을 꼭 끌어안아라.
아주 많이 기다렸던 아이처럼…….
세 번째 미션: 그다음엔 "아빠, 보고 싶었어요~"라고 말해라.
우물쭈물거리지 말고 똑바로… 애교있게…….

'그놈의 애교, 먹고 죽으려고 해도 없는 애교.' 몇 번이고 반복해서 그 짧은 대사를 연습시켰지만 그럴수록 내 목소리는 더 작아졌고, 내 몸은 더 딱딱하게 굳는 것 같았다.

가까이 사는 이모와 이모네 딸 둘도 함께 공항에 갔다. 대사를 까먹지 않으려고 속으로 연습을 하고 또 했다. 혹시나 저 문이 열리고 아빠가 나왔는데 내가 아빠를 못 알아보게 될까 봐 눈이 빠져라 문 쪽을 뚫어지게 보고 있었다. 드디어 문이 열리고 사람들이 하나둘씩 걸어나왔다. 그리고 그렇게 보고 싶던 멋진 내 아빠도 양손에 바퀴 달린 큰 가방을 끌며 나왔다.

'이야~ 세상에서 제일 멋있고, 영화배우보다 더 잘생긴 우리 아빠!' 늠름한 아빠를 본 나는 눈물이 핑 돌았다. 몸은 굳고 발은 땅에 붙어서 떨어질 생각을 안 하는데 내 심장은 알 수 없는 흥분과 감동으로 뛰고 있었다. 그때 엄마가 내 등을 거칠게 떠밀었다.

"뭐 해! '아빠~!' 하고 달려가라니까!"

나도 그러고 싶다. 마음 같아서는 '아빠!' 하고 공항이 떠나가도록 아빠를 부르고 싶었다. 깡충깡충 뛰면서 아빠의 품에 안기고 싶었다. 아빠 냄새도 맡고 싶었고, 아빠 턱에 난 까끌까끌한 수염 자국에 얼굴을 부비는 것도 다시 해보고 싶었다. 내가 얼마나 아빠를 보고 싶어 했는지, 아빠의 목소리가 녹음된 테이프를 얼마나 기다렸는지, 내 이름을 불러주면 얼마나 흥분되었는지도 다 말하고 싶었다. 아빠의 손은 나 혼자만 잡고 집에까지 가고 싶었다. 그런데 입이 떨어지지 않았다. 발도 떨어지지 않았다. 엄마는 짜증스럽단 기색으로 내 등을 미는데, 보릿자루 같은 내 몸이 나도 너무 싫고 화가 났다. 겨우 용기를 내서 "아… 빠……." 하는데, 함께 공항에 마중 나온 이모네 딸 둘이 "이모부!" 하더니 아빠의 품으로 달려들어 버렸다.

망했다. 겨우 용기 내어 뗀 한 발을 다시 철수했다. 난 한쪽 귀퉁이에 처박힌 걸레 같았다. 어디론가 사라져버리고 싶었다. 왜 그 상황에서 내가 수치심을 느껴야 하는 건지… 왜 그 상황에서 내가 죄책감을 느껴야 하는 건지……. 아빠의 눈은 우리 가족에게 향해 있었지만, 양손은 어쩔 수 없이 달려든 조카들을 안아주었다. 그래, 난 사랑스러운 아이가 아니다. 애교도 없고… 바보 같잖아……. 보다 못한 엄마가 내 손을 잡고 끌다시피 해서 아빠에게로 나를 데려갔다. 들릴 듯 말 듯한 목소리로 나는 말했다. "아… 빠… 보고싶…었어요."

난 한 번도 이모부를 "이모부!" 하고 크게 불러본 적이 없다. 난 내 아빠에게도 "아빠!" 하며 와락 안겨본 적이 없다. 저 아이들은 도대체 어떻게 저렇게 할 수 있는 걸까? 어떤 사랑을 먹고 자라면 저런 당당함이 있을 수 있을까? 자신이 사랑스러운 아이라는 확신이 없다면 할 수 있는 행동인가? 얄밉기도 하고 수치스럽기도 하고… 질투심과 시기심, 수치심으로 뒤범벅이 된 날이다.

자기 자신이 사랑스러운 존재며, 어떤 모습이어도 항상 수용될 것이라는 확신이 있는 아이들은 등을 떠밀지 않아도 당당하고, 어느 누구 앞에서도 사랑스럽게 행동할 수 있다. 애교가 없는 무뚝뚝한 성격은 타고난 것이 아니라 만들어지는 것이다. 특히나 어린 딸들에게 아빠는 멋진 왕자님 같은 존재다. 여자 아이가 아빠나 삼촌에게 "난 나중에 커서 아빠(삼촌)와 결혼할 거야!"라고 큰 소리로 말할 수 있다면, 그 아이는 충분한 사랑을 받고 있다는 증거일 것이다. 사랑받고 존중받는 느낌이 어떤 것인지 아는 아이는 성인이 되어서도 사랑을 받을 수 있는 준비가 된 거다. 옷에 흙먼지를 잔뜩 묻힌 채 엄마에게 달려들 때 "아이구… 내 새끼! 여기서 뭐 하고 있었어? 엄마 보니까 그렇게 반가웠어?"라고 안아주는 엄마였다면 나도 그날 아빠에게 달려들 수 있었을 텐데……. "야! 멈춰! 거기 그대로 딱 서! 옷이 그게 뭐니? 옷 좀 털어. 바지 똑바로 올려 입고! 아이구, 드러워라. 옷이 하루가 못 가요! 얼른 집에 가서 옷 갈아입고 씻어!" 엄마는 이렇게 나를 찌그러뜨렸다. 어떤 집 아이가 이렇게 자랐는데 세상에서 마음껏 자신을 펼치며 살겠는가.

그깟 옷 좀 더러워지면 좀 어때서? 나도 그때 내가 얼마나 사랑스러운 아이인지 알았더라면, "야! 너네 아빠냐? 내 아빠지!" 하면서 아빠의 품을 빼앗기진 않았을텐데…….

화장실 앞에서 무너진
1학년의 자존심

 따뜻한 아랫목에 배를 깔고 열심히 애국가를 베껴 쓰고 또 썼다. 입학식 때 부를 애국가를 4절까지 다 외워서 멋들어지게 큰 소리로 부를 수 있는 훌륭한 신입생이 되고 싶었기 때문이다. 언니에게 애국가를 4절까지 써달라고 해서 몽땅 외울 생각이었다. 내 인생 처음으로 들어가는 학교 교문이 아닌가! 난 정말 즐겁고 신나게 생활하는 학생이 될 자신이 있었다. 1학년이 되면 숙제도 잘 해가고, 선생님 말씀도 잘 들을 거고, 공부도 잘해서 칭찬도 받을 거다. 나보다 똑똑하고 예쁜 학생은 없을 거다! 그런데 한 가지 큰 걱정이 있었다.

 바로 변소에 가는 문제다. 학교 변소는 우리 집 변소보다 더 깊다고 들었는데 큰일이다. 남의 집에 가면 변소가 제일 무섭다. 우리 집도 재래식 변소이긴 했지만, 어째 남의 집 변소는 더 무서워서 잘 들어가지 못한다. 집에서는 요강에 소변을 보았고, 똥을 눌 때는 꼭 언니가 함께 가주는데 학교에서 똥 눌 때마다 6학년 교실에 있는 언니를 부를 수는 없다. 다리를 벌리고 앉으면 시커멓고 냄새 나는 변기 안에서 "빨간 종이 줄까~ 파란 종이 줄까~" 하며 손이 올라와서 나를 잡아당길 것만 같다. 그래서 언니가 변기 구멍 바로 옆에 신문이나 찢긴 달력을 깔아주고 밖에 나가서 기다리면 나는 신문지 위에다 볼일을 봤다.

"언니~ 안 갔지?"

"그래~ 안 갔어."

"언니!"

"왜! 여기 있어. 빨리 눠~"

"언니~ 가지 마. 다 눴어~"

"안 간다니까!"

"언니, 노래 불러~"

노랫소리가 계속 들려야 안심이 될 것 같았다.

"동구밖 과수원 길~ 아카시아꽃이 활짝 폈네~"

언니로 태어난 게 무슨 죄인가? 막내로 태어난 사람은 자신도 어리면서 자신보다 더 어린 동생을 생각하는 언니의 마음이 어떤 것인지 잘 모른다. 나도 몰랐다. 엉덩이를 번쩍 쳐들면 언니는 잘 비벼 부드럽게 만든 달력을 구겨서 닦아주고 내가 볼일 본 것을 똥통 안으로 밀어넣어 주기까지 했다.

그런데 학교에서 변소 가고 싶으면 어떻게 하지?

입학을 하기 전에 난 언니와 함께 학교 화장실 탐방부터 했다. 방학이라 그런지 변소 안은 다 비워져서 더 깊고 넓게 느껴졌다. 작은 돌을 변소 안에 던져보았다.

"슝~~~~ 탁"

돌멩이는 빈 변소 안을 울리며 떨어졌고 내 가슴도 동시에 '쿵' 하고 떨어졌다.

'절대 못해. 절대 저기엔 들어가지 않을 거야. 죽어도 못해. 죽어도……'

1학년이 된다는 부푼 꿈과 자신감은 변소 앞에서 무너졌다. 난 이 학교를 절대 다닐 수가 없다. 그렇다고 변소 때문에 학교를 다니지 못한다고 어떻게 말한단 말인가! 울타리를 벗어나 외부 세계로 나가는 첫 관문에서 나는 무서운 변소를 만났고, 그 변소 앞에서 주저앉고 말았다. 다시 나의 안전한 세계, 내 똥을 치워주고 엉덩이를 닦아줄 언니가 있는 울타리 안으로 철수하고 싶다. 어른이 되고 싶지 않다. 키도 안 크고, 나이도 안 먹고 이대로 여섯 살 꼬맹이로 멈춰버리고 싶다. 하지만 1학년이 되는 것을 막을 수 있는 방법은 도저히 떠오르지 않았고, 1학년이 될 아이가 학교도 안 가고 있으면서 친구들이 등교하는 모습을 바라볼 용기도 없었다. '자, 천천히 생각해보자. 무슨 방법이 있을 거야.'

1학년이라 다행히 수업은 길지 않고, 그깟 오줌을 참는 것은 얼마든지 할 수 있다. '아침에 물 마시지 말고, 학교 가기 직전에 오줌을 싸고 가는 거야. 그리고 학교에서는 잘 참고 있다가 집에 와서 싸면 돼. 우선 집 변소로 연습을 많이 해보면 고학년이 되어선 나도 할 수 있을 거야. 학교 변소가 점점 차오르면 그렇게 깊지 않을 거고, 그러면 덜 무서울지 몰라. 애들이 똥을 많이 싸서 변소가 찰 때까지 기다려보자!'

계획한 대로 나는 변소를 가지 않는 학교 생활을 잘 해냈고, 애국가를 4절까지 다 외워서 부를 수 있는 자랑스러운 1학년이 되었다. 안 그래도 큰 눈을 더 크게 뜨고 우렁찬 목소리로 대답해서 선생님의 눈길을 끌었고, 항상 바른 자세로 앉아서 귀를 쫑긋 세우고 열심히 공부를 했다. 그날, 그 일이 있기 전까지는…….

아마 추석 명절이 지난 다음 날이었던 것 같다. 전날까지 많은 음식을 먹고 나서 학교에 갔는데 1교시가 시작되기도 전에 배가 아프면서 위험한 신호가 오는 것이 아닌가! 아뿔싸… 절대 안 돼. 오줌도 아니고 똥이라니……. 배는 점점 불러오고, 아랫배의 통증은 점점 더 심해졌다. 식은땀을 흘리며 나도 모르게 끙끙 신음소리를 내뱉었다. 옆자리에 앉은 짝꿍이 제발 나에게 말을 걸어주길 바라면서…….

"설아, 어디 아파?"

드디어 끙끙거리는 내 모습을 눈치챈 짝꿍이 말을 걸어왔다. 이렇게 고마울 때가…….

"응, 배가… 배가 아파."

눈물까지 찔끔 나왔다. 반가운 마음에 흘린 눈물 반, 똥 마려운 것이 아니라 많이 아프다는 거짓말을 하기 위한 눈물이 반이다. 용기 있는 짝꿍은 머뭇거림 없이 한쪽 손을 번쩍 들고는 선생님을 불렀다.

"선생님! 설이가 배 아프다고 울어요."

"그래? 윤설, 배가 많이 아프니?"

참던 울음이 터져나왔다.

"네… 흑흑……."

"어떻게 하지? 많이 아픈가 보네… 설아, 혹시 우리 학교에 다니는 언니나 오빠 있니?"

'아싸! 이 생각은 내가 못 해낸 생각인데! 오빠는 도움이 안

될 테고……. 똥 하면 뭐니뭐니 해도 작은언니가 최고지!'

"작은언니가… 6학년 2반이에요……."

"잘됐다. 반장! 6학년 2반에 가서 동생 아프다고 하고 설이 언니 데리고 와~"

그 말을 듣고 나도 모르게 입꼬리가 올라가고 있어서 급하게 고개를 숙여 책상에 엎드려버렸다.

"에고… 많이 아픈가 보네."

옆 짝꿍도 내 어깨를 안타까워하며 토닥인다.

놀란 언니가 헐레벌떡 달려왔다. 얼마나 급하게 달려왔는지 언니의 새 원피스는 어딘가에 걸려 찢겨져 있었다.

"동생 양호실로 데리고 가라~"

'양호실? 집이아니고? 급한데…….'

언니는 울먹거리면서 내 손을 잡고 양호실로 갔다.

"설아, 많이 아파?"

"응……."

'지금이라도 솔직하게 말할까? 아니야. 똥 마렵다고 공부하는 언니를 오라고 하는 게 말이 돼? 그리고 똥 마렵다고 하면 학교 변소를 가자고 할지 몰라. 난 우리 집 변소가 아니면 똥 못 눠!'

양호 선생님은 내 배를 여기저기 누르면서 "여기가 아프니?"라고 물어봤고, 나는 누르는 곳마다 고통의 신음소리를 냈다. 배는 이미 빵빵하게 불러왔다. 심각한 얼굴을 한 선생님이 말했다.

"집에 엄마 계시니? 집은 가깝니?"

"네."

"동생 큰 병원에 가봐야 할 것 같다. 이렇게 배가 빵빵한 건 나도 처음 보는데……. 집으로 얼른 데리고 가서 엄마한테 큰 병원에 데리고 가야 한다고 해."

언니는 눈물을 글썽이며 나를 업고 집으로 뛰기 시작했다.

'아~ 드디어 집에 가는구나……'

집에 들어서자마자 언니는 엄마를 애타게 불렀다.

"엄마! 엄마! 설이 큰 병원에 가야 한대. 빨리 큰 병원에 가래~"

언니는 울먹이며 동동거리는데 엄마는 어떤 경우에도 침착하다.

"요란 떨지 말고, 설이 내려놔봐. 설아, 이리 와봐~"

빵빵하게 불러온 나의 배를 꾹꾹 눌러본 엄마는 양호 선생님도 모르던 원인을 바로 찾아냈다.

"똥 마렵구나!"

엄마는 위대하다! 정말 위대하다! 그걸 어떻게 알지?

망신스럽게도 엄마는 내 속을 다 꿰뚫고 있는 것 같았다.

"아니야……."

바로 변소로 달려가면 체면이 아니다. 체면은 고사하고 이 엄청난 연극이 끝나면서 엄마한테 혼쭐이 날 거다.

"안 마려워도 변소에 가서 힘 줘봐. 똥 나올 거야."

전혀 급하지 않은 척 천천히 변소로 갔다. 엄청난 양의 똥이 시원하게 나왔고, 배는 홀쭉해졌다.

"똥 눴어?"

문밖에 있는 엄마와 언니가 물어본다.

"음… 쬐금?"

"좀더 눠봐~ 똥 누고 나면 안 아파."

"응… 끙……."

빨리 나가면 안 된다. 똥 마려웠는지 나도 몰랐던 것처럼 연기 마무리를 잘해야 한다.

무서우면 무섭다고 말하고, 못하면 못한다고 말하고, 싫으면 싫다고 말하고, 힘들면 힘들다고 말하고, 아니면 아니라고 말하는 것이 나한테는 늘 어려웠다. 곰처럼 혼자 끙끙 앓다가 이런 고생을 하고 주변 사람까지 곤란하게 만든 일이 내인생엔 많다. 처음부터 솔직하게 말했다면 별일 아닌데, 자존심 때문에 말 못하다가 안 해도 되는 고생을 했다.

버스 정류장에서 실수로 한 정거장 전에 벨을 눌러놓고 "죄송해요~ 잘못 눌렀어요." 하면 될 일을, 누른 게 미안해서 그냥 내려버리는 바람에 추운 바람을 뚫고 달리기를 한다. 직원이 주문을 잘못 받아서 내가 시키지도 않은 음식이 나와도 "이거 제가 주문한 거 아닌데요?"라고 말하지 못해 그냥 주는 대로 먹는다. 상대방이 미안해하는 것도 싫고, 나를 별난 사람으로 보는 것도 싫다. 멍청하다고 비난받는 것도 싫고, 자기 몸 하나 건사하지 못한다는 말도 듣기 싫다. 회수권을 잃어버려서 두 시간을 걸어서 집에 갈망정, 친구한테 빌려달라는 말을 못 할 때는 스스로가 바보같이 느껴진다.

인간은 의존 단계에서 독립의 과정을 거쳐 성숙해진다. 의존 단계에서는 세상이 전부 자기중심으로 돌아가는 줄로 착각한다. 엄마는 내 입에 밥 주고 내가 부를 때 오라고 있는 존재다. 그래서 아프면 안 된다. 왜냐하면 나 밥 줘야 하고 졸릴 때 재워줘야 하니까.

이 표현이 과한가? 그렇지 않다. 고등학생이나 된 아들이 입원을 앞둔 엄마한테 "그럼 내 밥은 어떻게 해?"라고 물어본다는 이야기를 한 번쯤 들어보지 않나? 친정 엄마가 아프다고 해서 찾아뵈러 가는 아내의 뒤통수에 "그럼 난 혼자 자라고?"라고 말하는 남편 이야기도 흔한 게 아닌가? 아직 독립의 과정을 거치지 못해 미성숙한 채로 성인이 된 사람들이다. 의존 단계에 있는 사람이 독립의 과정을 가기 위해서는 내 뜻대로 되지 않는 것들과 낯선 것들에 대한 좌절과 두려움으로 적잖은 충격을 받는다. 언니가 없는 무서운 변소가 학업을 포기하고 싶을 만큼 큰 좌절로 느껴진 것처럼…….

처음 유치원 버스를 타는 것, 처음 유치원 입구에서 엄마와 헤어지는 인사를 하는 것, 처음 엄마 없는 곳에서 밥을 먹는 것, 처음 중학생이 되고, 처음 회사를 가고, 처음 아이 엄마가 되는 것… 우리는 이 모든 것을 연습 없이 다 처음 한다. 생각지도 못한 '무엇' 때문에 우리는 그 첫 경험이 두렵다. 우스꽝스럽게 보여 놀림감이 되는 것도 두렵고, 잘 해내지 못할까 봐도 두렵다. 그래서 성장하기를 회피하는 사람들이 있고, 이런 사람을 '적응장애'라고 진단한다. 중학교 입학을 앞두고 등교 거부를 하고 출근한 지 일주일 만에 공황장애가 와서 사표를 내곤 외출조차 못한다.

의존하고 싶고, 여전히 자신의 전능한 세계 속에서 살고 싶은 욕구와 성장하고 모험하고 독립하고 싶은 욕구 사이에 끼어서 앞으로 가지도 못하고 뒤로 퇴행하지도 못해 가만히 멈춰버린 사람들이다.

이때 "괜찮아~ 처음부터 잘하는 사람은 없어. 하나씩 천천히 해보면 돼." "엄마가 여기서 봐줄게. 힘들면 언제든지 말해. 엄마가 도와줄게." "하는 데까지 해보고 정 안 되면 그만해도 괜찮아. 다른 방법 찾아보면 되지 뭐!" "뭐가 걱정되는지 이야기해볼래?" 하며 두려움을 수용해주어야 한다. "남들 다 하는 걸 왜 너만 못하냐?" "무섭긴 뭐가 무서워! 바보같이!" "못한다는 소리 하기만 해봐라!" 하며 억지로 등을 떠밀거나 "그렇게 징징거릴 거면 포기해! 하지 마!" 하고 놓아버리면 안된다.

처음 가는 길에서 두렵다고 말하고 주춤거려도 괜찮다고, 실패할 수도 있다고 말해주는 부모의 목소리가 내면화된 사람은 새로운 길을 갈 때, 스스로에게 그런 말을 해줄 수 있다. 그리고 다시 한 발을 내디딜 수가 있다. 그런 사람은 실패가 두려워 아무것도 시도하지 않는 사람이 되진 않는다.

상담실에는 충분히 수용받는 환경에서 자라지 못해서 주저하며 할 말을 못하는 사람들이 많이 찾아온다. 그들의 공통적인 자기 이미지는 보잘것없고 초라하다. 그저 다른 사람들에게 피해를 주지 않기 위해 양 팔을 크게 저어보지도 못하고 사는 사람이다. 자신이 좋은 것을 선택하지 못하고 타인에게 피해를 주지 않는 것을 선택한다. 자기가 원하는 것을 당당하게 요구하는 사람들을 보면 부럽지만 흉내조차 내기 어렵다.

자기 돈 내고 상담을 받으러 와놓고도 의자에 깊숙이 들어가 앉지도 못하고 어정쩡하게 걸쳐 앉는다. 혹여나 시간을 초과하게 될까 봐 내내 시계를 곁눈질해서 본다. 내가 피곤한지, 지루한지, 기분이 나쁜지 살피는 걸 보면 누가 상담을 받으러 온 사람인지 모르겠다. 내 눈엔 사랑스럽고, 자랑스럽고, 기특한 사람들인데 그들은 그걸 모른다. 때론 '내가 당신을 얼마나 기특하게 생각하고 있는지 모르지요? 지금 당신이 얼마나 사랑스러운지 모르지요?'라고 말해주고 싶은 충동이 생기지만 참는다. 어차피 말해줘도 믿지 않을 것이기도 하지만, 그것은 누가 확인시켜 주는 것이 아니라 스스로 발견해야 하는 것이기 때문이다.

친밀한 것과 침범하는 것은 다르다고요!

친밀한 것과 침범하는 것은 다르다. 다른 사람과 정서적인 경계를 잘 세우지 못하는 사람들은 이 두 개념에 대한 구분을 잘 하지 못해서 자신이 상처받지 않기 위해 적당한 거리를 유지하는 데 많은 에너지를 사용한다.

한국의 문화는 유난히 가족 간에 이 경계가 없어서 자연스러운 독립이 아닌 갈등으로 인해 단절되는 예가 많다. 사춘기가 된 아이에게 비밀이 생기고 부모와 모든 것을 공유하고 싶지 않아서 방문을 닫는 것을 "이제 부모는 필요 없다는 거지?" 하며 단절의 의미로 받아들인다. 혹은 "방에서 도대체 뭘 하길래 방문을 자꾸 닫냐?"라며 문짝을 떼어버리는 부모도 만나게 된다. 부부가 휴대폰에 잠금을 걸어놓고 서로 공유하지 않는 것에 대해 "우리가 남이가?"라며 서운해한다. 시어머니가 아들 집에 사전 연락 없이 찾아오는 것에 대해 "내가 내 아들 집도 허락받고 와야 하냐?"라며 며느리를 이간질하는 존재로 표현한다. 이런 침범이 반복되면 갈등이 생기게 되고 극단적인 경우에 단절로 이어지게 되는 것이다. 부모의 침범으로부터 도망치기 위해 해외 유학이나 이민을 생각하기도 하고, 침범하는 배우자를 피해 야근을 하거나 게임의 세계 속에서 나오지 않기도 한다. 침범이 과한 부모의 경우 심지어 가치관이나 취향까지도 부모의 것을 따르지 않는 것을 용납하지 않는다. 가족뿐만 아니라 친한 친구 관계에서도 모든 것이 공유되지 않으면 서운해하고, 서로 다른 생각과 선택을 할 수 있다는 것을 수용하지 않는 사람도 있다.

남편: 그 원피스 말고 다른 건 없어?
아내: 난 이 옷이 좋은데…….
남편: 아니, 그 옷은 정말 아니다… 그거 벗고 이거 입어!

엄마: 거기에 찍지 말고 이 소스에 찍어 먹어. 진짜 고소하네!
아이: 난 참깨소스 느끼해.
엄마: (아이가 찍어 먹던 소스 그릇을 치우며) 무슨 소리야. 진짜 먹을 줄

모르네. 이건 여기에 찍어 먹어야 제맛이야.

아이: 난 차라리 그냥 먹을래, 그럼!

엄마: 가르쳐주면 가르쳐주는 대로 한번 먹어봐, 고집 부리지 말고! 엄마가 맛없는 걸 맛있다고 하겠니? (참깨소스를 찍어서 입에 넣어준다.)

A: 야, 그런 사람 밑에서 계속 일하는 건 정말 아니야. 네가 배울 게 전혀 없어. 난 너네 사장 전부터 정말 맘에 안 들었어.

B: 우리 사장님이 화를 자주 내긴 하지만, 그렇다고 지금 당장 그만둘 형편도 안 되고, 그만두더라도 내가 하던 프로젝트는 잘 마무리하고 싶어.

A: 그러니까 사장이 너를 호구로 보는 거야.

B: 걱정해주는 건 고마운데, 그건 내가 결정할 일이야. 더 이상 그 이야기는 안 했으면 좋겠어.

A: 너 진짜 내 말 안 듣는다. 우리 친구 맞냐? 앞으로 나한테 힘드니 어쩌니 하는 말 하지 마, 그럴 거면!

삼촌: 야~ 너 요즘 연애한다며?

조카: 아… 네…….

삼촌: 어떤 여잔데? 삼촌 한번 보여줘야지.

조카: 아직 소개할 만큼 가까운 사이는 아니에요.

삼촌: 그래도 삼촌이 먼저 딱 봐야지! 여친 아버지는 뭐 하시는 분이냐? 부모님은 다 계시고? 대학은 어디 나왔대? 직장은 어디 다니고? 예쁘냐?

침범해오는 사람들은 그것을 친밀함이라고 주장한다.

"남편이 그 정도도 말 못해요?"

"다른 집 애라면 제가 그렇게까지 권하겠어요? 엄마니까 그렇지."

"친구가 걱정되니까 한 말이지요."

"조카한테 여자친구가 생겼다니까 반가워서 그런 거죠."

하지만 친밀함과 침범은 다르다. 사랑하는 사람에게 관여하는 것은 친밀함이지만, 간섭하는 것은 침범이다. 간섭이 심하고 경계를 침범하는 부모와 함께 사는 청소년기의 내담자들은 주도성과 독립성을 빼앗기면서 성장하지 못하고 계속 어린아이에 머물러 있다. 부모들은 아이가 자기 일을 스스로 알아서 할 줄 모르는 것이라고 상담실에 데리고 오지만, 사실은 스스로 알아서 할 기회를 주지 않은 것이고, 믿고 기다려주지 못했던 것이다. 반대로 간섭과 관여의 차이를 몰라 관여조차 하지 않고 방임하는 부모에게서 자란 자녀는 무엇이든 스스로 판단하고 결정해야 했기 때문에 늘 긴장하며 너무 빨리 어른이 되어버린다. 당연히 부모로부터 마땅히 배워야 할 것들을 배우지 못해 겉으로 보기엔 어른스럽고 주도적으로 보이겠지만 속은 허당인 사람들도 많다. 부모들은 알아서 잘하고 있다고 생각하지만 정작 아이들은 모든 것을 혼자 결정하고 알아서 해야 하는 것에 대한 상당한 부담감과 불안을 느끼고 있다.

참 어렵다. 부모가 되는 건……. 어디까지가 간섭이고, 어디까지가 관여하는 것인지 그 경계가 어렵다. 부모 상담을 할 때 "믿고 기다려주고 바라봐주면서, 자녀들이 뭔가 도움을 요청하면 요청한 그것을 지원해주는 것이 관여이지요."라고 교과서적인 말을 하지만, 엄마인 나도 그 경계가 그리 쉽지 않다는 것을 잘 안다. 중국 선종의 대표적 저서인 『벽암록』에 '줄탁동시(啐啄同時)'라는 말이 있다. '줄'은 알 속에 있는 병아리가 알을 깨뜨리고 나오기 위해 안에서 쪼는 것을 말하고, '탁'은 어미닭이 밖에서 알을 쪼아주는 것을 말하는 것으로, 병아리가 부화할 때 어미닭이 도움을 주는 타이밍의 중요성을 말해준다. 어미닭은 아직 부화되지 못한 알을 발로 이리저리 굴려보면서 어떤 녀석은 알을 쪼아주기도 하고, 어떤 녀석은 가만히 내버려두기도 한다. 그 타이밍은 어미닭이 알들을 잘 지켜보아야 알 수 있다. 너무 일찍 어미가 쪼아서 알이 깨지면 새끼가 죽게 되고, 어미의 도움을 적기에 받지 못하게 되면 새끼는 안에서 죽게 된다.

부모의 역할은 자식을 유심히 살펴보는 것, 기다려주는 것, 자식이 도움을 필요로 하는 순간을 놓치지 않고 적절한 도움을 주는 것이다.

부모가 지나치게 침범적인 가정에서 자란 내담자들은 어디를 가나 눈치를 보고, 자기주장을 하지 못한다. 그리고 자신의 감정과 타인의 감정조차 구분을 잘 못해서 친구나 직장 상사가 기분이 안 좋아 보이면 왠지 자기 때문인 것 같고, 기분을 좋게 해주어야 할 것 같아서 애를 쓰게 된다. 주변 사람이 기분이 좋으면 자신도 기분이 좋아지고, 화가 나 있으면 자신과 아무 상관이 없는 상황에서도 긴장하고 집중하지 못하게 된다. 때문에 공부나 일에 있어서 자신이 가지고 있는 능력을 충분히 발휘할 수 없게 되는 것이다. 이런 내담자들은 상담사 역시 자신의 부모처럼 자신의 삶에 침범해올 것에 대한 상당한 의심을 품고 온다.

'이 사람과 헤어지라고 할지 모르니, 남자친구 이야기는 안 하는 게 좋겠어.'라며 침범당하고 싶지 않은 부분에 대해 오랫동안 이야기하지 않게 되는 것이다. 혹은 "선생님이 회사 그만두라고 하셨는데요, 전 좀더 고민해봐야 할 것 같아요."라고 말하기도 한다.

"내가 회사를 그만두라는 말을 했었다고요?"

"어, 그런 뉘앙스로 말씀하신 것 같던데… 아닌가요?"라며 상담자를 침범하는 대상으로 받아들인다.

주도성을 획득하지 못한 내담자들에게는 더 섬세한 접근을 할 수 있어야 한다. 상담자의 눈빛, 억양, 단어 하나도 침범적인 것으로 판단 내리는 바람에 상담이 조기에 종결될 수 있기 때문이다. 상담자가 내담자에게 침범적이지 않으면서 그의 선택과 갈등에 대해 구체적으로 관여하며 함께 고민하는 과정을 오래 반복하게 되면(상담에서는 이것을 '훈습 단계'라고 한다), 내담자는 이제 침범과 친밀감의 경계를 잘 구분할 수 있게 된다. 그래서 경계를 넘어오는 이들에게 정중하면서도 단호하게 선을 그을 수 있게 되고, 그렇게 되면 친밀한 인간관계를 유지하면서 일에 있어서도 자신의 능력을 한껏 발휘할 수 있게 되는 것이다.

부모는 흔들림 없는
항구여야 한다

인생의 중요한 단계에서 앞으로 나아가지도 못하고 되돌아가지도 못하는 이들이 있다. 그렇다고 아무것도 하지 않고 가만히 있는 것은 더 불안하다. 앞으로 가자니 자신의 선택이 잘못돼서 나중에 후회할까 봐 두렵다. 혹은 실패할까 봐 차라리 아무것도 하지 않기를 선택한다. 되돌아가자니 부모님께 미안하고, 낙오자가 돼서 영영 주저앉게 될까 봐 되돌아가지도 못한다. 아무것도 하지 않으면 '내가 이렇게 아무것도 하지 않고 있어도 되는 건가?' 하고 불안해서 발을 동동 구르게 된다. 의존하려는 욕구와 독립하려는 욕구 사이에 끼어서 성장이 멈춘 사람들이다.

'독립은 모든 사람이 성인이 되어가는 과정에서 자연스럽게 이루어지는 것 아닌가.'라고 생각하기 쉬운데 결코 그렇지 않다. 세상에는 40세가 넘는 나이에도 경제적으로나 정서적으로 부모에게 독립하지 못해서 늙은 부모에게 골칫거리가 되는 이들이 많다. 하루 종일 식당에서 일하고 들어와서 마흔이 넘은 딸의 밥을 챙겨주는데, 딸은 경제활동은커녕 혼자서는 외출도 하지 못하고 종일 집에서 엄마를 기다린다. 나이를 먹는다고 다 독립과 성숙으로 가는 것은 아니다. 자녀가 독립하고자 하는 건강한 욕망을 무너뜨리고 어른이 되기를 포기하게 만드는 것은 부모의 부적절한 반응 때문이다.

자녀의 독립하고자 하는 욕망을 자신이 무시당하고 쓸모없어진다고 서운해하면서 죄책감을 준다거나, 자녀가 실패나 좌절을 경험해 상처받게 되는 것이 두려워서 언제까지나 부모에게 의존하게 붙잡아두려고 한다. 이런 부모는 다음과 같은 메시지를 아이에게 준다.

"너 하는 일이 그렇지, 내가 잘 챙기라고 몇 번을 말했니? 기다려, 지금 가져다줄게." (기다려주지 못하는 부모 유형)

'제발 네 일은 네가 알아서 해라.' 말하면서도 기다려주지 못하고 다 해준다. 방도 치워주고, 깨워주고, 수강 신청도 해준다. 그러면서 그냥 놔두면 제대로 하지 않는다고 말한다. 자녀들은 주도적이고 책임감 있게 자기 일을 생각하거나 긴장할 필요가 없다. 모든 것을 제때 관리해주고, 나보다 더 완벽하게 잘 해주는 부모가 있기 때문이다. 지각하는 것을 절대 용납 못하는 부모님이 깨워주실 것이고, 약속 시간에 늦는 것을 싫어하는 부모님이 결국 태워다줄 것이기 때문이다. 준비물을 혹시 두고 와도 틀림없이 부모님이 기억하고 수단과 방법을 다 동원해서 가져다줄 것이기 때문에 걱정하지 않아도 된다.

"네가 컸다고 이제 부모를 무시하니?" (죄책감을 주는 부모 유형)

자녀는 그저 독립적이고 주도적인 사람이 되고 싶은 것뿐인데, 부모를 무시하는 것이라고 비난한다. 자녀가 부모를 필요로 하지 않고 스스로 해나갈 수 있다는 믿음보다는 자신이 더 이상 쓸모없는 사람이 되는 것을 견디기 어려워하는 부모들이다. 혹은 부모님으로부터 정서적으로 독립하고 싶은 것은 부모의 은혜를 저버리는 것이고, 부모를 나 몰라라 하는 것이라는 느낌을 전달해서 죄책감을 갖게 하는 부모들도 있다.

"엄마, 식사는 하셨어요?"라고 안부 전화를 했더니, "혼자 있으니 입맛도 없고 해서… 그냥… 찬밥 한술 떴다. 에휴……."

심한 경우, 자녀가 무관심하거나 부모가 원하는 대로 움직여주지 않으면 머리에 띠를 두르고 앓아눕거나, 곡기를 끊겠다고 협박을 해서 자녀를 조종한다. 자기 뜻대로 되지 않으면 병원에 입원을 하곤 "내가 빨리 죽어야지." 하면서 결국 자신의 뜻을 이루고야 만다.

> "부모인 우리 말 안 들으려면 나가서 살아. 네가 돈 벌어서 네 맘대로 살아봐, 어디. 다시는 나한테 뭐 해달라고 하기만 해봐라." (협박하는 부모 유형)

경제적인 협박으로 자녀가 여전히 부모에게 의존될 수밖에 없다는 것을 강조한다. "성적 떨어지면 휴대폰 끊겠다. 공부 안 할 거면 학원 다니지 마라. 네 맘대로 할 거면 방 얻어서 나가서 살아라." 이런 말들은 자녀들에게 '내가 주도적이고 독립적이 되고 싶어 했다가는 엄마한테 버림받을 수도 있겠구나.' 하는 불안감을 준다. 자녀는 자율적이고 주도적이 되고 싶어 한 것이지, 경제적으로 독립할 준비가 되어 있다는 의미가 아니었기 때문이다. 결혼한 자녀에게까지 경제적인 부분으로 자신에게서 독립할 수 없게 한다. 결혼한 지 10년이 넘도록 부모님에게 많은 생활비 지원을 받으면서 부모에게 모든 것을 허락받고, 모든 것을 함께하도록 강요당하며 사는 것이 대표적인 사례이다.

"부모인 우리는 힘들어 죽겠는데 자식은 지 살길만 찾겠다고 하네! 내가 지를 어떻게 키웠는데……." (착취하는 부모 유형)

몇 년 전 아들의 여자친구를 칼로 찔러 살해한 엄마에 대한 이야기가 뉴스에 나왔다. 30대 미혼인 아들이 마트에서 배달 일을 하면서 노모를 모시고 단둘이 살고 있었다. 남편 없이 홀로 아들을 키워서 이제 아들의 부양을 받고 사는 엄마에게는 아들이 전부였을 것이다. 아들은 착실하게 일하면서 월급을 받으면 다 엄마에게 드리고 용돈을 받아 살았지만, 결혼이 너무 늦어질까 늘 걱정이었다. 그러다가 드디어 아들에게 여자친구가 생겼는데, 엄마는 아들이 결혼할 여자가 생긴 것이 반갑지만은 않았다. 안 하던 외박을 하면서 지각도 하고 결근까지 했기 때문이다. 엄마에게 모든 이야기를 다 하고, 그토록 효자였던 아들이 여자를 만나면서 비밀도 생기고, 월급도 본인이 관리를 하겠다고 했다. 여우 같은 여자애한테 30년간 오직 서로만을 바라보던 아들을 빼앗긴 엄마는 아들이 외박을 하는 날이면 분해서 잠을 잘 수가 없었다. 뜬눈으로 밤을 새다가 아침에 출근하는 아들을 만나서 마치 외도한 남편을 대하듯 아들에게 온갖 분을 다 쏟아냈다. 그러고도 모자라서 아들의 여자친구에게까지 전화를 해서 "착실하게 일 잘하는 아들을 꼬드겨서 놀다가 직장을 그만두면 어쩔 거냐? 자고 간다고 해도 절대로 재

위주지 말고 집으로 보내라."며 호통을 치기도 했다. 사건이 있던 그날도 아들이 출근하지 않자 화가 난 엄마는 칼을 들고 아들의 여자친구 집을 찾아가서는 아들이 보는 앞에서 살인까지 하게 된 것이다. 경찰은 건장한 체구를 가진 멀쩡한 남자가 나이 든 엄마를 힘으로 말리지 못한 것에 대해 의아해했다.

또 다른 사례는 멀쩡한 20대 아들에게 계속 정신과 약을 먹이고 취업도 못하게 함으로써 국가로부터 생활비 지원을 받는 아버지의 이야기다. 아들은 정신과 약을 끊고 일을 하고 싶어 하지만, 그렇게 되면 지원이 끊어진다는 이유로 아들을 자신과 같이 방 안에 가둬두고 있었다. 아들이 경제활동을 한다는 것은 독립할 수 있게 된다는 것이고, 아들이 독립해서 더 넓은 세상의 맛을 알면 자신을 버릴지 모른다는 두려움 때문이다. 아들이 일을 하지 않고 두 사람이 평생 같이 살면서 수급비를 받고 사는 것을 택한 것이다.

자녀가 부모에게서 건강하게 독립해서 자신의 삶을 주도적으로 살아갈 수 있는 성인이 될 수 있게 하려면 부모가 먼저 정서적으로 독립적인 사람이 되어야 한다. 그래야 자녀의 독립을 격려할 수 있다. 그리고 자녀의 발달단계에 맞추어서 부모도 자신의 역할이 발달되어야 한다는 것을 알아야 한다. 계속 끼고 있거나 화난다고 갑자기 놓아버리지 않도록…….

부모도 계속해서 성장하고 성숙해져야 한다. 자녀의 독립으로 혼자 남겨지고 버려졌다고 느끼는 것이 아니라, 아이가 독립하는 만큼 부모도 자신의 삶을 찾아갈 수 있어야 한다. 그렇지 못하면 점점 더 자녀에게 몰입하고 집착하게 된다.

분리불안이나 공포증 등으로 어느 날 갑자기 집 밖을 나가지 못하게 되는 내담자들은 대부분 부모와의 관계에서 재접근기의 실패를 보고한다. 재접근기의 실패란, 어린아이가 엄마의 품을 벗어나서 스스로 뭔가를 고집스럽게 해보고 싶어 하는 시기에 좌절을 한 것을 말한다. 이 시기의 부모는 아이가 독립하고 주도하고 싶어 하는 것에 대해 격려하고, 실패를 한다 해도 지지해주며, 죄책감을 느끼지 않도록 해주어야 한다. 실패하고 돌아오면 언제든지 안아주고, 다시 혼자 가본다고 하면 멀리서 바라봐주고 기다려주어야 한다는 것이다.

돌아갈 따뜻한 곳이 있는 아이는 멀리 갈 수 있다. 돌아갈 곳이 있는 사람은 마음껏 떠날 수 있다. 한번 떠나면 다시는 돌아올 수 없는 길이라면 얼마나 두렵겠는가? 자녀들은 부모들이 놔주길 바라면서도 바라봐주길 원한다.

이제 막 기기를 시작한 아이가 엄마 품을 떠나 기어가다가도 다시 돌아와 엄마 품에 안기고, 다시 더 멀리 기어가다가도 뒤돌아서 엄마의 격려를 받는 것처럼 부모는 더 넓은 세상을 향해 뻗어가는 자녀에게 그런 흔들림 없는 항구가 되어주어야 할 것이다.

에필로그

우리는
혼자가 아닙니다

　절대 끝나지 않을 것 같았던 긴 터널에서 빠져나와 마주한 세상의 냄새는 참 상큼합니다. 하늘에게서도 구름에게서도 눈을 뗄 수가 없지만, 바람을 느끼기 위해서 잠시 눈을 감아봅니다. 살아도 사는 것 같지 않았던 시간이 있었습니다. 그땐 봄도 여름도 가을도 그리고 겨울도 보이지 않았습니다. 이제 눈을 감아도 환한 빛이 보입니다.
　심지어 터널 속에서도 보이지 않는 따뜻하고 환한 빛이 있었다는 것을 알게 됩니다. 그 빛은 내가 아주 혼자는 아니었다는 것을 뒤늦게 보게 되었을 때 깨닫게 됩니다.
　아직 터널 속에 있는 분들과 함께 있어드리고 싶은 마음으로 책을 썼습니다. 잠을 잘 수 없고 그래서 꿈조차 꿀 수 없는 시간을 보내고 있다면, 나의 이 경험이 당신의 그 어두운 시간에 작은 숨구멍이라도 되었으면 합니다. 이 책을 읽고, 당신 안에서 웅크리고 있는 상처받은 어린아이가 마음껏 상상하고 마음껏 자기답게 뛰어놀 수 있게 되길 바랍니다.

나침판도 없고, 노도 없고, 먹을 양식도 없는 배에 홀로 앉아서 어둡고 망망한 바다 한가운데에 떠 있는 나에게 나침판도 주고, 노도 주고, 먹을 것도 주신 나의 분석가에게 감사를 드립니다. 나의 두려움을 담아주고, 기다려주고, 충분히 퇴행할 수 있도록 버텨주신 덕분에 지금의 내가 있을 수 있었습니다. 그녀는 나에게 흔들림 없이 견고한 항구가 되어주고, 마음껏 뛰놀 수 있는 안전한 울타리가 되어주고, 내가 얼마나 소중하고 사랑스러운 존재인지 깨닫게 해주셨습니다.

오늘의 나를 있게 하고 나를 성장하게 해준 사랑하는 나의 내담자들에게 감사드립니다. 함께 연구하고 함께 고민하면서 서로를 안아주고 격려하며 함께 이 길을 가는 임상감독 교수님들과 연구원 동료분들께도 감사드립니다.

내가 탄 배에 나와 함께 있어준 세 아이에게 감사합니다. 아이들은 내가 배를 저어 어디론가 나아갈 수 있도록 삶에 대한 끈을 붙잡게 해주었습니다.

마지막으로 엄마. 엄마는 작년 봄이 막 시작되었을 때 결국 그해의 봄 햇살을 맛보지 못하고 우리 곁을 떠났습니다. 생(生)에서 사(死)로 가는 터널을 지날 때, 나는 엄마의 그 시간을 함께했습니다. 엄마의 소원대로 자식들과 손자손녀 곁에서 마지막 인사를 하도록 우리 집으로 모셔 와 마지막 겨울을 함께 보냈습니다.

그리고 말할 수 없었던 엄마의 진짜 속마음을 들을 수 있었습니다.

"엄마, 나 사랑해?"

온 힘을 다한 엄마의 두 마디, "하루 종일 사랑하지, 말도 못 하게 사랑하지."

나에게 엄마가 준 처음이자 마지막 선물이었습니다.

내가 처음 세상으로 나오는 그 순간에 엄마와 나는 함께 생사의 터널을 건넜고, 그 터널 속에 서로를 믿고 의지했었겠지요. 그래서 엄마의 마지막 생사의 터널에도 엄마 혼자 두고 싶지 않았습니다. 나의 처음을 함께한 엄마에게 나도 엄마의 마지막을 함께하는 것으로 모든 고마움과 미안함을 대신했습니다.

'거기 있지만 거기 없는 사람'이 되어 나 혼자 스스로를 치유하며 외로운 싸움을 해왔다고 생각했는데, 이 책을 마치면서 알게 되었습니다. 결코 단 한 순간도 혼자인 적이 없었다는 것을······.

겨울 앞에서

윤설

* 이 책은 2019년 출간되었던 저자의 첫 에세이 〈시체를 김치냉장고에 넣었다〉(2019년 9월 23일 초판 1쇄 발행, 새움.)를 새롭게 고쳐 펴내는 것입니다.

꿈, 무의식, 그리고 정신분석 이야기
시체를 김치냉장고에 넣었다

* *
초판 1쇄　　2025년 12월 11일
* *
　　　지은이　　윤설

　　　　편집　　김화영
　　　마케팅　　어쩌면 이 책을 읽은 누군가
　　　디자인　　지완
* *
　　　펴낸이　　김화영
　　　펴낸곳　　책나물
　　　　등록　　제2021-000026호(2021년 3월 8일)
　　　　이메일　　booknamul@daum.net
　　　　블로그　　blog.naver.com/booknamul
　　인스타그램　　@booknamul

　　　　ISBN　　979-11-92441-26-9 03810
* *
ⓒ 윤설, 2025
이 책은 저작권법에 따라 보호받는 저작물이므로
무단전재와 무단복제를 금하며, 이 책 내용의 전부 또는 일부를 이용하려면
반드시 저작권자와 책나물의 서면 동의를 받아야 합니다.